rororo sport
Herausgegeben von Bernd Gottwald

Ole Petersen

MARATHON

Das 4-Stunden-Programm
Vom Anfang bis zum Finish

Rowohlt Taschenbuch Verlag

Für Sonia und Kevin

Besonderen Dank für die Mitarbeit:

Dr. med. Hansruedi Egger
Laurent Hoffmann

Marlies Denzler
Trudi Kunz
Heinz Huber
Hans Wartenweiler
Marcel Weber

Firma adidas
Firma Polar
Firma LMT

Auf daß mein «alter Herr» endlich seinen ersten Marathon läuft.
Winterthur im Sommer 1999

7. Auflage Oktober 2004

Originalausgabe
Veröffentlicht im
Rowohlt Taschenbuch Verlag,
Reinbek bei Hamburg, September 1999

Redaktion Harald Krämer
Umschlaggestaltung Büro Hamburg,
Susanne Reizlein
(Foto: Bongarts/S. Sobotta)
Satz Minion und Franklin Gothic PostScript,
QuarkXPress 3.32 bei
UNDER/COVER, Hamburg
Druck und Bindung Clausen & Bosse, Leck
Printed in Germany
ISBN 3 499 19486 4

Inhalt

Vorwort von Uta Pippig

Als Zuschauer verbinden Sie einen Marathonlauf sicherlich mit einem großen Spektakel, wie bei den Rennen in Boston oder New York, in London oder Berlin. Sie haben Hochachtung vor den sportlichen Leistungen der Eliteläufer und bewundern zugleich jeden einzelnen Breitensportler, der die 42,195 Kilometer schafft. Aber wie ist es mit Ihnen selbst? Sie wären schon gerne mal dabei. Aber so richtig vorstellen können Sie sich das nicht, auch wenn Sie ab und zu bereits ein bißchen joggen. Beim Marathon denken Sie an Quälerei, an Schmerzen, und daran, daß Sie es sowieso nicht schaffen und vor all den Zuschauern aufgeben müssen. Der Traum von Ihrem eigenen Marathon wird zum Alptraum.

Aber keine Angst, Sie werden nicht enden wie einst Pheidippides. Der soll vor fast 2500 Jahren, so sagt es die Legende, die rund 40 Kilometer lange Strecke von Marathon nach Athen gerannt sein, um die Botschaft vom Sieg des griechischen Heeres über die Perser zu überbringen. Doch diesen Lauf hat er nicht überlebt: Nach seiner Ankunft in Athen soll er tot zusammengebrochen sein. *Sie* werden weder zusammenbrechen noch wird es Ihnen fürchterlich schlecht gehen, obwohl Sie – das soll nicht verschwiegen werden – noch etwas weiter laufen müssen als einst der tapfere Pheidippides. Das haben Sie einer königlichen Laune zu verdanken. Die «richtige» Marathonstrecke entstand erst 1908, als die Olympischen Spiele in London stattfanden. Und vom Schloß Windsor bis zur Ehrenloge der Royals im Stadion waren es genau 42,195 Kilometer.

Schneiden Sie sich ruhig eine Scheibe ab von der Leistung des legendenumwobenen laufenden Boten – einer der vielen Mythen, die die Historie des Marathonlaufes zieren. Betrachten Sie das Rennen als Ihr persönliches Abenteuer. Wenn Sie Ihr Training an den Ratschlägen dieses Buches orientieren, werden Sie den Marathon schaffen. Selbst Lauf-Anfänger können sich mit einem behutsamen Trainingsaufbau das Ziel Marathon setzen. Und Sie werden merken, daß Sie vom regelmäßigen Training sogar profitieren. Laufen ist gesund, macht Spaß und erhöht die allgemeine Leistungsfähigkeit. Und schließlich bringt dieser Sport auch noch eine gute Figur.

Bevor Sie die ersten Laufschritte machen, sollten Sie sich sportmedizinisch untersuchen lassen. Ebenso wichtig ist es, sich beim Kauf der Laufschuhe gut beraten zu lassen. Setzen Sie sich am Anfang nicht unter Erfolgsdruck; auf die kleinen realistischen Ziele kommt es an. Erfolgserlebnisse bauen auf. Einer der häufigsten Anfängerfehler ist, viel zu schnell loszulaufen – damit sind Sie hoffnungslos überfordert und verlieren schnell die Lust. Beginnen Sie vorsichtig. Und wenn Sie außer Puste kommen, kann eine Gehpause nicht schaden. Haben Sie keine Angst, sich am Tag X zu blamieren. Gibt es unterwegs Probleme, dann gehen Sie einfach ein paar Schritte, bis Sie sich erholt haben. Das machen viel mehr Läufer, als Sie denken. Egal, wie Sie sich vorbereitet haben, bei den großen Marathonrennen werden Sie unterwegs immer jede Menge Läufer finden, die im gleichen Leistungsniveau sind. Glauben Sie mir, Sie werden den Spaß am gemeinsamen Erlebnis Marathon entdecken.

Ich wünsche Ihnen viel Erfolg,
happy running!

Ihre

Uta Pippig

Uta Pippig im Internet
Tips und Infos unter
http://www.uta-pippig.com

Am Anfang war es nur ein Traum

Mein erstes Buch «Ironman – das 8-Stunden-Programm» führte zu einigen Diskussionen in der Fachwelt. Neben vielen Erfolgsstories von Lesern, die zu Ironman-Finishern* wurden, nachdem sie sich von meinen Tips und Plänen inspirieren ließen, gab es auch einige wenige Kritiker, die mir vorwarfen, daß meine Trainingsphilosophien und Trainingspläne zuwenig harte Tempoeinheiten und überhaupt zuwenig Leistungsorientierung vorsehen. Das mag aus der Sicht erfahrener, leistungsorientierter Sportler richtig sein, aber für die war das Buch auch nicht bestimmt. Ich habe dort mehrmals erwähnt, daß ich primär eine Hilfestellung für den Anfänger geben möchte. Vielleicht ist meine Absicht nicht deutlich genug rübergekommen. Deshalb in diesem Buch gleich zu Anfang: Dies ist ein Leitfaden, der Sie *sicher* und *gesund* beim ersten Mal über die Marathondistanz bringen soll. Die Trainingspläne sind Minimalumfänge, da ich davon ausgehe, daß die meisten Leser einem geregelten Job nachgehen und/oder Familie haben, die wegen Ihres Marathontrainings nicht bis an die Schmerzgrenze strapaziert werden möchte. Natürlich wird auch der erfahrene Marathoni von der vorgestellten Trainingsmethode profitieren können, wenn er es versteht, «zwischen den Zeilen» zu lesen. Daß schon an die 14000 Hobby- und Feierabendsportler an unserem Institut in Winterthur Leistungstests absolviert haben und viele Hunderte ihre persönlichen Ziele wie Marathon, Ironman oder auch «nur» die Verbesserung ihres Gesundheitszustandes erreicht haben, macht meinen Ansatz nicht mehr oder weniger richtig. Wer mich etwas näher kennt, weiß, daß «richtig» und «falsch» als abstrakte Richtwerte in meiner Weltanschauung nicht existieren. Wenn Sie heute lesen «Essen Sie mehr Eiweiß und trainieren Sie hart», und morgen heißt es «Essen Sie nur Kohlenhydrate und trainieren Sie äußerst moderat», was ist nun «richtig», woran soll ich mich halten?

Ich kann Sie nur dazu ermutigen, es selbst auszuprobieren. In diesem Buch sind viele Tips enthalten, die hundertfach erprobt sind und sich bewährt haben. Diese Erfahrungen werden

* Ironman-Finisher = Teilnehmer, der die ganze Ironman-Distanz innerhalb der gültigen Zeitlimiten absolviert

Ihnen helfen, Ihr persönliches Ziel Marathon zu erreichen. Der Titel des Buches «Marathon – das 4-Stunden Programm» bezieht sich auf die enthaltenen Trainingspläne. Vier Stunden pro Woche sind der Zeitaufwand an Training, mit dem Sie das Marathonziel gesund und munter erreichen. Es handelt sich um einen Durchschnittswert, denn nicht immer werden exakt vier Stunden pro Woche trainiert. Es gibt intensive Wochen in der Vorbereitung mit sechs Stunden und Regenerationswochen mit zwei Stunden Lauftraining sowie die Wochen eines Ruhemonates ohne jedes Lauftraining.

Es ist durchaus möglich, einen Marathon auch mit weniger Training erfolgreich zu bestehen; manchmal ist aber auch etwas mehr Training als die idealtypischen vier Stunden nötig. Auf jeden Fall wird Ihnen dieses Buch Ihr Leben als zukünftiger Marathoni erheblich erleichtern. Berichten Sie mir von Ihrem ganz persönlichen Finish. Es würde mich freuen, einen kleinen Teil dazu beigetragen zu haben – meine Adresse finden Sie im Anhang. Ich wünsche Ihnen viele fröhliche und gesunde Laufkilometer.

Der Mensch – zum Laufen gemacht?

Einige tausend Jahre vor Christus landete ein Raumschiff auf unserer Erde. Die extraterrestrischen Wesen schwärmten aus, um die Menschen zu beobachten. Ein jüngerer Außerirdischer sagte zu einem der alten Weisen: «Schau mal die Erdenbewohner, wie fleißig sie sich bewegen, wie sie laufen, um nach Nahrung zu jagen!» Für den Älteren war dies nichts Besonderes, da er schon mehrere Besuche auf der Erde gemacht hatte. Der Jüngere war aber fasziniert vom Treiben der Erdenbewohner und gab keine Ruhe: «Schau doch, wie sie laufen!» – «Laß sie doch, dafür sind sie schließlich gemacht», entgegnete der Weise.

Würden die Außerirdischen heute noch mal bei uns vorbeischauen, wäre zumindest der Jüngere enttäuscht. Aus den Laufmenschen sind Sitz- und Stuhltiere geworden. Sie sitzen am Frühstückstisch, sitzen im Auto, danach stundenlang auf Stühlen im Büro und in der Kantine, um später nach getaner Arbeit den Abend im Fernsehsessel zu verbringen. Auch würden die extraterrestrischen Wesen mit Erstaunen feststellen, daß die Menschen nicht mehr dann Nahrung zu sich nehmen, wenn sie Hunger haben, sondern wenn die Uhr dafür schlägt. Sie essen z. B. mittags, weil von 12:00 bis 13:00 Uhr Pause ist. Die Nahrung müssen sie sich auch längst nicht mehr mühsam erjagen.

Und doch gibt es noch einige wenige, die laufen. Sie hetzen zwar nicht mehr einem Mammut hinterher, um ihm mit selbstgefertigten Keulen den Schädel einzuschlagen, aber immerhin: sie laufen. Einige machen dies so gut, daß sie in eigens dafür errichteten Arenen laufen dürfen, um dort von sitzenden Nichtläufern bejohlt und bejubelt zu werden. Wer den Weg zur Arena nicht mehr schafft, kann sich das Spektakel auch in einem Bilderkasten zu Hause ansehen. Mensch sitzt oder liegt dann wieder auf seinem Lieblingssitz, trinkt undefinierbare Getränke mit weißer Schaumkrone obenauf und kaut krachend auf braunen Plättchen herum. Menschen, die all dies besonders gut beherrschen, tragen einen Ehrentitel: Couch-potatoes. So weit die kleine Geschichte von den Besuchern aus dem All.

Diese Veränderungen der Verhaltens- und Lebensgewohnheiten fand in einem Zeitraum statt, der – gemessen an der gesamten Evolution unserer Spezies – nur einen Wimpernschlag darstellt. In diesen Veränderungen sind die Ursachen von Zivilisationskrankheiten in den Industrieländern zu suchen: Bewegungsmangel, Übergewicht, Alkohol- und Nikotinkonsum. Trotz breit propagierter Kampagnen – von wegen «frisch, fromm, fröhlich, frei» (Turnvater Jahn) – erreichen diese nur einen kleinen Teil der Bevölkerung. Zur wirklichen Verhaltensänderung fehlt es bei den meisten Menschen an «Leidensdruck» und der nötigen Selbstdisziplin.

In dem Moment, wo Sie sich überhaupt sportlich bewegen, gehören Sie bereits zu einem erlesenen Kreis. Wenn Sie dies dann auch noch in einer gesundheitsdienlichen Weise tun, dann gehören Sie zu denen, die sich auch im hohen Alter einer besseren Gesundheit und Vitalität erfreuen können. Laufen im allgemeinen gilt zwar heute als eher gesunde Bewegungsform. Bei der bloßen Erwähnung des Marathons als einer besonderen Art und Weise, die 42,195 Kilometer zwischen einem Punkt A und einem Punkt B laufend zurückzulegen, schlagen immer noch die meisten die Hände über dem Kopf zusammen. Als isoliertes Ereignis betrachtet, mag Marathon sicher nicht zu den gesündesten Fortbewegungsarten zählen. Aber die vielen Trainingsstunden, in freier Natur verbracht, sind ohne Zweifel gesundheitliche Präventionsmaßnahmen, wenn sie nach der im Buch beschriebenen 3L-Methode (locker, leicht und lang) gelaufen werden. Der Marathon ist für viele Läuferinnen und Läufer *die* Motivation, das Lauftraining überhaupt aufzunehmen – er ist die Belohnung für die vielen erlaufenen Kilometer im Training, aber auch eine exzellente Schule der Selbstdisziplin.

Ich heiße Sie willkommen im Kreis der Marathonis – die Außerirdischen wären stolz auf Sie!

Vom Traum zum Training

Einmal einen Marathon laufen, das war mein Traum! Oft genug hatte ich gesehen, wie sich andere meinen Traum erfüllten. Es mußte doch einen Weg geben, dieses Ziel zu erreichen, auch ohne gleich den Job hinzuschmeißen, die Familie zu vergessen und zum Profiläufer zu mutieren? Mußte ich denn wirklich Hunderte von Kilometern im Monat laufen, meine Ernährung bis aufs Milligramm abwiegen oder ein Körnerpicker werden, um an die ersehnte Ziellinie zu gelangen?

Diese und viele andere Fragen beschäftigten mich auf dem langen und manchmal mühsamen Weg, bis sich mein Traum erfüllte. Je mehr Fragen ich stellte, um so verwirrter wurde ich. Gutgemeinte Ratschläge anderer Sportler und Artikel in den Laufmagazinen steigerten eher meine Verunsicherung, als daß sie mir das Leben als angehender Marathonläufer leichter machten. Oft lagen die Aussagen zum selben Thema meilenweit auseinander: drei Experten, vier Meinungen – das alte Spiel.

Heute, da ich mir meinen großen Traum von einst mehrfach erfüllt habe, beschäftigen mich andere Fragen: Muß sich wirklich jeder Marathonaspirant all die kleinen Tips und Tricks, alle wichtigen Erkenntnisse selber erarbeiten? Wieso gibt es kein Nachschlagewerk, das die Erfahrungen vieler Tausender Marathonfinisher weitergibt?

Dieser Leitfaden versucht genau das, indem er die Erfahrungen vieler befreundeter Sportler sowie meine eigenen Erlebnisse aus zahlreichen Marathons, Ultraläufen und anderen Ausdauerprüfungen verarbeitet.

Ich spreche insbesondere Freizeit- und Hobbysportlerinnen und -sportler an, die schon mal mit dem Gedanken gespielt haben, die Distanz von 42,195 Metern laufend zu absolvieren.

Freizeitsportler müssen ihre Ambitionen mit den Anforderungen von Beruf und Familie in Einklang bringen. Die Zeit für das nötige Training muß den anderen Lebensbereichen abgerungen werden – eine Anstrengung, die ständig neu auszubalancieren ist. Denn unser Leben bewegt sich innerhalb eines «magischen Dreiecks»:

Das Besondere daran ist, daß kein Lebensbereich isoliert für sich steht, sondern jedes Ereignis, jede Aktivität auch Auswirkungen auf die anderen Sphären haben. Ob wir das positiv oder negativ werten, ist primär von unserer emotionalen Stimmungslage abhängig. Es ist unbestritten, daß ein moderates Ausdauertraining unsere Stimmungslage positiv beeinflußt und stabilisiert.

Natürlich ist auch der Profisportler enormen Belastungen ausgesetzt, nicht zuletzt durch die viel höhere Intensität des Trainings. Aber er kann das Wechselspiel von Be- und Entlastung viel gezielter planen und der körperlichen Regeneration die gebührende Beachtung schenken. Freizeitsportler hingegen wickeln ihr Training nicht selten unter Zeitnot ab und sind gedanklich schon beim nächsten Termin. Aus dem Büro auf die Laufpiste, vom Training zur Familie. Wie sich im Dickicht von Beruf, Familie und Freizeit dennoch ein effektives und zielgerichtetes Marathontraining verwirklichen läßt, zeigt dieser Laufleitfaden. Die durchschnittliche zeitliche Belastung durch das Training muß dabei vier Wochenstunden nicht überschreiten. Am besten fangen wir ganz von vorne an.

Die Sage

Marathon ist ein kleiner Ort in Griechenland, ca. 40 Kilometer nördlich von Athen. Im Jahre 490 v. Chr. siegten die Athener über die Perser in der Ebene von Marathon. Die Nachricht vom Sieg soll durch einen Läufer nach Athen überbracht worden sein, der nach der Überbringung der Botschaft tot zusammenbrach. Soweit die «Marathon-Legende». Historiker haben berechtigte Zweifel an dieser Version geäußert. Auf jeden Fall wurde zu Ehren des toten Boten die Strecke 1896 erstmals in das Programm der Olympischen Spiele aufgenommen – und heute gibt es Marathonveranstaltungen wie Sand am Meer, von Sibirien bis Feuerland. Allein in Europa finden jährlich über 100 registrierte Marathons statt, an denen Hunderte, manchmal Tausende an den Start gehen.

Und Sie?

«Schaffe ich das auch?» Sie möchten die 42195 Meter erfolgreich hinter sich bringen. Rein rechnerisch ist die Strecke ja nicht so lang: Die durchschnittliche Schrittlänge beim Spazierengehen ist etwa 70 Zentimeter, d. h., Sie müssen nur ca. 60300 Schritte machen – und schon sind Sie da. Bei einer Tageswanderung mit einer Durchschnittsgeschwindigkeit von 7 km/h brauchen Sie um die sechs Stunden, die Ihnen von den meisten Veranstaltern auch als maximales Zeitlimit eingeräumt werden, um das Ziel zu erreichen. Aber Sie möchten die Strecke ja nicht nur erwandern, sondern am besten durchlaufen und mit einem Lächeln auf den Lippen das Ziel erreichen. Sie möchten am Ende sagen können: «Ich bin stolz auf meine Leistung, ich bin mit mir zufrieden.»

Exakt in diesen Stunden, als ich in dieses Kapitel Korrekturen eingearbeitet habe, wurde beim Berlin Marathon eine neue Weltbestzeit gelaufen! Am 20. September 1998 «fliegt» der Brasilianer Ronaldo da Costa in Berlin mit einer Zeit von 2:06:05 Stunden über die Ziellinie. Er verbessert den seit zehn Jahren bestehenden Rekord des Äthiopiers Belayneh Densimo um 45 Sekunden. Er erreicht damit erstmals einen Kilometerschnitt von unter drei Minuten, was einer Geschwindigkeit von über 20 km/h entspricht. Ob wohl jemals die Zwei-Stunden-Schallmauer durchbrochen wird? Bei Prämien in Millionenhöhe dürfte der Antrieb dazu nicht das Problem sein. Doch konzentrieren wir uns zuerst auf Ihr eigenes erstes Finish! Um dorthin zu kommen, werden wir zusammen im Kapitel *Zielsetzung* Ihr ganz persönliches Marathon-Ziel definieren.

«Warum ich bisher noch keinen Marathon gelaufen bin?»

Sie werden ohne Mühe einige Gründe nennen können:

- «Ich habe noch gar nicht mit dem Laufen angefangen.» – Kein Problem: im Kapitel *Trainingsplanung* finden Sie ein komplettes Programm für Laufanfänger und Nichtsportler.
- «Ich bin viel zu untrainiert, bereits nach wenigen hundert Metern bin ich fix und foxi.» – Das ist völlig normal, denn Kondition und Ausdauer sind antrainiert und nicht angeboren. Wichtig ist gerade am Anfang die Steuerung des Lauftempos, wie es im Kapitel *Trainingssteuerung* beschrieben wird. Sie werden sich wundern, wie wenig anstrengend ein durchdachtes, wirkungsvolles Ausdauertraining ist.
- «Ich bin viel zu dick und fett.» – Über die Hälfte aller Läufer und Läuferinnen fangen gerade deshalb mit dem Laufsport an, da es unum-

stritten ist, daß eine langfristig stabile und gesunde Gewichtsreduktion nur mit mäßigem Ausdauertraining zu erreichen ist. Das Kapitel *Ernährung* wird Ihnen wertvolle Hinweise geben, wie Sie Ihr Gewicht reduzieren und eine ernährungsphysiologisch solide Basis für sportliche Leistung legen.

- «Ich bin zu alt (zu jung).» – «Menschen werden nicht alt, weil sie eine bestimmte Anzahl von Jahren leben, sondern weil sie ihre Ideale aufgeben», heißt es. Medizinisch gesehen gibt es keinen Grund, warum Sie nicht auch im höheren Alter gemäßigten Ausdauersport betreiben sollten. Daß die Marathondistanz auch im hohen Alter zu bewältigen ist, beweisen Jahr für Jahr Hunderte von Senioren und Seniorinnen. Der älteste Finisher beim Frankfurt Marathon 1998 hatte das «zarte» Alter von 93 Jahren erreicht! Teilnehmer über 80 Jahre sind in beinahe jedem Marathonfeld zu finden. «Ausdauersport ist eine Domäne des Alters», behauptet sogar die Trainingslehre. Die Blüte unserer Ausdauerleistungsfähigkeit erreichen wir erst zwischen dem 30. und dem 40. Lebensjahr. Im letzten Lebensdrittel ist aufgrund des voranschreitenden Alterungsprozesses unbedingt die hier vorgestellte 3L-Trainingsmethode zu empfehlen.
- Jüngeren Laufinteressierten (unter 18 Jahren) empfehlen wir ein langsames Herantasten an die längeren Distanzen. Den noch im Wachstum befindlichen Organen, insbesondere Herz und Lunge, sollte ausreichend Zeit gegeben werden, sich an eine Langzeitausdauerleistung anzupassen. Im Jugendalter sollten Sprint- und Mittelstrecken im Vordergrund stehen. Ein frühes Langstrecken-Training sollte mit regelmäßigen ärztlichen Kontrolluntersuchungen verbunden werden. Laufveranstalter setzen in der Regel ein Mindestalter von 18 Jahren für die Teilnahme an Wettkämpfen fest.
- «Ich habe keine Zeit für das viele Training.» – Wie so viele andere sind vielleicht auch Sie dem Irrtum erlegen, daß Hunderte von Kilometern abgespult werden müssen, um erfolgreich einen Marathon unter die Füße zu nehmen. In Läuferkreisen kursieren mitunter die absurdesten Aussagen wie «Wenn Du nicht mindestens 100 Kilometer pro Woche läufst, brauchst Du überhaupt nicht an einen Marathon zu denken» oder «Bevor Du nicht wenigstens drei bis vier Jahre gelaufen bist, schaffst Du die Strecke sowieso nicht». Das ist Unfug: Weder muß man wöchentlich 100 Kilometer rennen noch jahrelang trainiert haben, um einen Marathon wohlbehalten zu beenden. Lassen Sie sich nicht irritieren: Vier Stunden pro Woche und – als absoluter Anfänger – ein Trainingszeitraum von 15 Monaten sind ausreichend.
- «Ich bin viel zu langsam.» – Nur Sie selbst können sich eine Zeit vorgeben, in der Sie den Marathon laufen werden. Niemand muß die 10000

Meter in maximal 40 Minuten schaffen, um eine Basis für die Langdistanz zu haben. Mit den Tips aus den Kapiteln *Regeneration* und *Der große Tag* werden Sie Ihr individuelles Leistungspotential entfalten können.

- «Ich habe Probleme mit meinen Knien, Füßen, Hüfte etc.» – Auch das ist normal, da mehr als 60 % der Bevölkerung orthopädische Fehlstellungen aufweisen wie z. B. Knick-, Spreiz-, Platt- oder Senkfüße. Diese machen sich im normalen Alltag kaum bemerkbar, aber wenn Sie ein Lauftraining beginnen, fängt es plötzlich z. B. am Knie oder der Achillessehne an, zu zwicken und zu zwacken. Beim Gang zum Hausarzt wird Ihnen vielleicht der «gute Rat» gegeben, sich den Gedanken an einen Marathon aus dem Kopf zu schlagen. Das haben Sie zwar nicht hören wollen, aber Sie fügen sich in Ihr Schicksal? Auf keinen Fall! Im Kapitel *Material und Orthopädie* finden Sie viele nützliche Ratschläge für ein schmerzfreies Training. Und by the way: Suchen Sie sich einen Arzt, der mit Joggen und Joggern nicht auf Kriegsfuß steht (vielleicht, weil er selbst läuft) – der wird Sie verstehen und Ihnen wirklich helfen.
- «Das schaffe ich nie!» – Wie wollen Sie das wissen, bevor Sie es nicht probiert haben! Anatomisch gesehen sind Sie für noch viel größere Leistungen als einen Marathon ausgestattet. Diese Grenzen setzten Sie sich – im Kopf!

Warum Sie unbedingt einen Marathon laufen sollten

Die positiven Effekte, die das Training nach der 3L-Methode auf Ihre körperliche und geistige Verfassung hat, werden im Kapitel *Trainingssteuerung und Intensitäten* ausführlich behandelt. Daß Sie durch dieses Training Ihre Fitneß entscheidend verbessern, Fettpolster abbauen können, effektiv und stabil Ihr Gewicht regulieren und jünger und gesünder aussehen, sind sicher angenehme Nebeneffekte.

Aber einen Marathon zu finishen ist etwas Besonderes. Es wird Sie mit einer tiefen Befriedigung erfüllen, wenn Sie *es* geschafft haben. Das unbeschreibliche Gefühl, wenn Sie das erste Mal nach 42 Kilometern die Ziellinie überquert haben, werden Sie nie im Leben vergessen.

Meine kleine Marathon-Geschichte

Ich selbst, Jahrgang 1961, kann nicht eben behaupten, als Jugendlicher durch übertriebenen sportlichen Ehrgeiz aufgefallen zu sein. Außer einigen (mehr oder minder freiwilligen) Versuchen mit z. B. Tennis oder Handball lagen meine Hauptinteressen eher anderswo. 30 bis 40 Zigaretten am Tag, das frisierte Moped und die Disco in der nächsten Kleinstadt waren weitaus wichtiger. Sport? Ein Fremdwort.

In der 9. Klasse nahm ich, animiert von ein paar Freunden, an einem Schullauf teil, in völlig untrainiertem

Zustand, versteht sich. Dennoch wurde ich Klassenbester – Vorbote einer späteren Laufleidenschaft?

Nach diesem ersten und für lange Zeit einzigen Lauf war mir die Lust an jedwedem Sport erst einmal vergangen.

Auch während meines BWL-Studiums galt meine Leidenschaft weniger sportlicher Ertüchtigung als der Düsseldorfer Altstadt und meinen Studienkolleginnen. Mein Beruf führte mich zuerst nach Amsterdam und dann über Frankfurt nach Zürich. Die vielen Arbeitsstunden, Geschäftsessen und anderen Streßfaktoren gingen an mir und meinem Körper nicht spurlos vorüber: Ich fühlte mich häufig genervt, ausgelaugt und träge wie ein Mittvierziger – und das mit Ende Zwanzig! Dazu gesellten sich schlechte Eßgewohnheiten – kurzum, ich fühlte mich fett, träge und unwohl. Um Abhilfe zu schaffen, löste ich ein Jahresabonnement im nächsten Fitneß-Center. Der gewünschte Erfolg stellte sich jedoch nicht ein. Die Rettungsringe blieben mit penetranter Hartnäckigkeit dort, wo sie sich angesiedelt hatten, die Fettpolster am Bauch wurden durch das Muskeltraining noch mehr betont.

Mit einem Freund, der bereits gelegentlich joggte, schaute ich mir per Zufall den Hawaii-Ironman im Fernsehen an und kurz darauf den New York City Marathon. Die Berichte animierten uns derart, daß wir beschlossen, gemeinsam zu joggen, um es unseren TV-Helden gleichzutun. Die nächsten Wochen rannten wir wie die Irren

jeden zweiten Tag unseren Hausberg rauf und runter und drum herum. Nach jedem Training waren wir so richtig schön fertig und ausgepowert – ein gutes Gefühl, etwas getan zu haben. Vier Monate später, im November 1989, meldeten wir uns zum St. Martins-Lauf an, einem regionalen Lauf, veranstaltet von dem örtlichen Laufclub. Zu laufen waren gut zehn Kilometer. Noch nie zuvor hatten wir eine so lange Strecke absolviert – mit Ach und Krach und im Schweiße unseres Angesichts kamen wir durch. Aus beruflichen Gründen war ich im folgenden Jahr viel im Ausland unterwegs. Trotzdem trainierte ich regelmäßig zwei- bis dreimal in der Woche, und nach einiger Zeit schaffte ich es, den Hausberg auch zweimal zu umrunden, immerhin fast 20 Kilometer. Der Traum «Marathon» hatte sich so fest in meinem Kopf eingenistet, daß ich mich 1991 zu meinem ersten Marathon in Frankfurt anmeldete. Beim Start in dem Riesenfeld war mir schon mulmig zumute, doch nach einigen Metern verflog das Gefühl, und ich rannte nun «live» und leibhaftig meinem Traum entgegen. Trotz einiger Tiefen erreichte ich das Ziel, überglücklich. Stolz und zufrieden hängte ich mir die Finishermedaille um den Hals, war am Ziel – neue Träume mußten her.

Obwohl ich in der Zwischenzeit rund vierzigmal den Ironman und andere extreme Ausdauerprüfungen absolviert habe, ist das Laufen immer meine heimliche Liebe geblieben. Meine Laufleistungen waren anfangs eher mäßig. Durch mein Training fühlte ich mich körperlich oft überanstrengt, und ich ahnte, daß mein bisheriges Training nicht der Weisheit letzter Schluß sein konnte. Erst durch die hier vorgestellte Trainingsmethode lernte ich, mein wirkliches Leistungspotential zu entfalten, und empfand das Training nicht mehr als auslaugend, sondern als Energiequelle für den Alltag. Bereits 15 Monate nach der Trainingsumstellung konnte ich erhebliche Leistungssteigerungen erzielen.

Mein Trainingsaufwand im Laufen war nie sehr groß (Jahresumfänge zwischen 900 und 1300 Kilometern, d. h. 15 bis 25 Kilometer pro Woche). Durch meine berufliche Belastung (Aufbau eines Seminarunternehmens im Bereich Gesundheitsförderung) führe ich im Moment ein moderates Training durch mit zwei bis drei Laufeinheiten von 40–50 Minuten pro

Leistungssteigerung durch die 3L-Methode

	vorher (1991–93)	nachher (1994–97)	Differenz
Marathonzeit	3:17	3:03	14 Minuten (7,1 %)
Marathonzeit im Ironman	3:45	3:25	20 Minuten (8,9 %)
100 km von Biel	10:44	9:55	49 Minuten (7,6 %)

Woche. Dies ermöglicht mir immer noch die Teilnahme an ein oder zwei Marathons im Jahr, was ich sehr genieße.

Ich konnte immer enorm von den anderen beiden Disziplinen des Triathlons profitieren. Gerade was die Leistungsfähigkeit im Grundlagenausdauerbereich anbelangt, können angehende wie erfahrene Marathonläufer in besonderem Maße von den langen Einheiten auf dem Fahrrad profitieren. Deshalb finden Sie in den Trainingsplänen das Radfahren im Grundlagenbereich (Vga) immer wieder als geeignete Alternative zum Laufen aufgeführt. Ebenso ist das Fettstoffwechsel-Training auf dem Fahrrad für wirklich Übergewichtige neben dem Wandern und Walken eine der wirkungsvollsten Maßnahmen, um in kurzer Zeit einen guten Fitneß-Stand zu erreichen.

Nachdem ich mir nach und nach meine sportlichen Träume mehr als erfüllt habe, schöpfe ich sehr viel Befriedigung daraus, anderen bei der Erfüllung ihrer sportlichen bzw. gesundheitlichen Ziele zu helfen. Stellvertretend für viele möchte ich Ihnen zwei Freizeitsportler vorstellen, die Ihnen ihre ganz persönliche Erfolgsstory rund ums Laufen schildern.

Marlies Denzler, 47 Jahre
Mein Weg zum Swiss Alpine Marathon

Sport war für mich bis zu meinem 30. Lebensjahr ein Fremdwort. Mit unseren Kindern verbrachten mein Mann und ich wohl viel Zeit mit Wandern, Fahrradfahren und Versteckenspielen im Wald. Dies war aber auch alles, was meine Kondition zuließ. Die Wende kam eigentlich aus einer ungewöhnlichen Ecke, dem Samariterverein. Einige Mitglieder wollten anläßlich des jährlich stattfindenden Samariter-OL (OL= Orientierungslauf) eine Laufgruppe zusammenstellen. Da mein Mann, als Jugendlicher immerhin auf dem Rennrad aktiv, sich ebenfalls mit Kameraden zusammentat, um für den Murtenlauf zu trainieren, ließ ich mich von seiner Euphorie schnell anstecken. Mein erstes Lauftraining bleibt mir unvergeßlich. Nach einer ca. drei Kilometer langen Strecke, die ich laufend und marschierend zurücklegte, brauchte ich nachher mindestens eine Stunde Bettruhe, so schlecht und schwindlig war mir. Zum Glück hatte ich zu diesem Zeitpunkt das Rauchen schon aufgegeben, so mußte ich mich mit dieser Entwöhnung nicht auch noch abkämpfen. Eisern trainierte ich dreimal pro Woche ungefähr sechs Kilometer, manchmal mußte ich mich am Ende des Trainings beinahe übergeben. Man muß ja immer so schnell wie möglich sein, war meine damalige Devise.

Dieser Orientierungslauf wurde zu einem Schlüsselerlebnis für mich. In der Folge wagten wir uns gemeinsam mehrfach an einen Familien-OL in der Region. Das Kartenlesen beherrschte zwar zunächst nur mein Mann, die Posten stempelten die Kinder – und mir blieb das Mitlaufen. Die Söhne gewannen Freude am OL-Sport und liefen schon bald in ihren eigenen

Leistungsklassen. Bald beherrschte auch ich das für den OL elementare Kartenlesen, so daß bald unsere ganze Familie «orientierungssuchend» im Wald unterwegs war. Trainings im Club wurden ebenso zur festen wöchentlichen Einrichtung wie in den letzten Jahren die langen Winterläufe, die mir besonders gefielen, obwohl ich oft an meine Leistungsgrenzen stieß.

Ein Bericht von Ole Petersen in der Zeitschrift «Puls» weckte in mir den Wunsch, mein bescheidenes Potential gezielter einzusetzen. Gesagt, getan. Ich meldete mich zu einem Conconi-Test an, was mir das leicht mitleidige Lächeln meiner sportiven Söhne einbrachte, während mein Mann sich ebenfalls zu einem Conconi-Test entschloß. Ich begriff schnell, wieviel ich bisher falsch gemacht hatte und wie anders Training eigentlich sein kann. Schon bald meldete ich mich bei Ole Petersen zur Ausarbeitung eines Trainingsprogramms an. Mein Ziel war, den Schwarzwald-Marathon 1997 beschwerdefrei zu absolvieren. Mit 46 Jahren den ersten Marathon bestreiten und davon noch 80 % auf Naturstraßen, das lockte gewaltig!

Mein Pensum bestand vorwiegend aus Grundlagenausdauertraining (GA), eher lang, aber dafür geruhsam. Ich durfte ein völlig neues Trainingsgefühl erleben. Zum Stolz, effektiv und mit Freude trainiert zu haben, kam nun die gute körperliche Verfassung am Ende des Trainings dazu: kein Hecheln, keine tiefe Erschöpfung wie früher, als mir manchmal schwarz vor Augen wurde. Allerdings ist es oft schwierig, im Gruppentraining den Pulswert im GA-Bereich zu halten, so daß ich die längeren Trainingseinheiten schon bald allein oder mit meinem Mann absolvierte.

Etwas gewöhnungsbedürftig war für mich auch das Laufen mit einer Trinkflasche. Am Tag des Schwarzwald-Marathons regnete es in Strömen. Trotz schlechten Wetters gelang es mir, während 30 Kilometern locker zu laufen, der Rest war dann «nur» noch eine Sache des Kopfes. Obwohl ich meine Wunschzeit nicht ganz erreichte, war ich am Ende stolz auf mich und meinen ersten Marathon. Außerdem hatte ich Training wie Wettkampf ohne große Beschwerden hinter mich gebracht; entsprechend kurz fiel auch die Regenerationszeit aus.

Nun mußte eine neue Herausforderung her. Natürlich zog es mich sonntags immer mal wieder zu einem Orientierungslauf, doch ein neues Laufabenteuer wollte ich 1998 unbedingt wieder erleben. Meine Idee war der Landwasserlauf des Swiss Alpine Marathons, Ole dagegen orientierte mich gleich auf die volle Distanz! Mir blieb beinahe der Atem weg, als er mir im Brustton der Überzeugung weiszumachen versuchte, daß ich dies ohne weiteres schaffen würde. Der Rest meiner Familie bedachte mich mit einem mitleidigen Kopfschütteln. Neun Monate nach meinem ersten Marathon sollte nun der Swiss Alpine Marathon mit einer Länge von 74,5 Kilometern und 2200 m Steigung folgen!

Ole stellte mir im Dezember 1997 mein neues Trainingsprogramm zusammen, das auf meine beruflichen (neue Arbeitsstelle) und familiären Belastungen abgestimmt war. Die Longjoggs halfen mir, den Berufsstreß besser wegzustecken. Mittlerweile baute ich auch Biketouren in mein Training ein, was für meine nicht mehr allzu jungen Gelenke eine tolle Sache ist. Immer wieder quälte ich mich mit der Frage herum, ob ich in der Lage wäre, 74,5 Kilometer mit 2200 Steigungsmetern zu bewältigen (Zielschluß nach zwölf Stunden). Aber die Idee faszinierte mich von Tag zu Tag mehr. Das letzte Trainingsprogramm vor dem Swiss Alpine Marathon (SAM) schockte mich doch ein wenig: Nüchterntrainings bis zu einer Länge von fünf Stunden waren angesagt. Zwei bis zweieinhalb Stunden im GA-Bereich nüchtern joggen oder biken funktionierte noch tadellos. Aber fünf Stunden trainieren, ohne morgens etwas gegessen zu haben – damit konnte ich mich nie so richtig anfreunden, zumal fünf Stunden allein unterwegs zu sein schon ein ziemlicher Akt ist: sowohl was die psychische als auch die körperliche Belastung angeht, auch wenn ich es dann letztlich doch positiv empfand. Inzwischen hatte sich auch mein Mann zur Teilnahme am SAM entschieden; von seinen ausgiebigen Radtouren konnte er auf eine ansehnliche konditionelle Basis zurückgreifen.

Unsere Pfingstferien in Tirol standen, wen wundert's, auch ganz im Zeichen des SAM. Joggen und Biken, mal allein, mal gemeinsam, in einer reizvollen Landschaft, das gefiel uns sehr.

Endlich nahte der 24. Juli, unser Abfahrtstag nach Davos. Beim Abholen der Startnummer hatte ich noch ein Schreckerlebnis. Der SAM wurde nochmals ausgemessen – und war plötzlich 78,5 Kilometer lang! Und das, obwohl die Strecke dieses Jahr sowieso schon um sechs Kilometer verlängert worden war. Diese vier Kilometer, lachte mein Sohn am Telefon, die wirst du wohl auch noch schaffen.

Die Nacht vor dem Swiss Alpine Marathon schlief ich schlecht. Morgens um fünf Uhr Essen, angespannte Erwartung, Vorfreude – die Gedanken überschlugen sich. Dann endlich der Auftakt im Eisstadion in Davos, der Startschuß, die Startmusik, hinaus durch das Spalier der Zuschauer, ein beeindruckendes Erlebnis! Schon im Dorf ließ ich meinen Mann davonziehen, ich wollte meinen eigenen Rhythmus finden. Der Weg nach Davos-Monstein ist wunderschön. Bis zu Kilometer 30 (Filisur) genoß ich den Lauf in vollen Zügen, die Steigung nach Bergün fiel mir schon etwas schwerer. Im Val Tuors kam dann noch die Hitze hinzu. Das Tal zieht sich in die Länge, bis der Aufstieg zur Keschhütte beginnt. Beim Aufstieg verschlechterte sich das Wetter, Nebel kam auf, es begann zu regnen, von Wärme war nur noch zu träumen. Und so begann mein Leiden schon beim Aufstieg – früher, viel früher als erwartet. Die Beine wurden immer müder, ich wurde von vielen Läufern überholt. «Jetzt hast du die gröbste Steigung hinter dir», munterte mich einer auf. Doch der lässige Hinweis, daß es nur noch ungefähr eine Stunde bis zur Keschhütte sei, ließ meine Moral zusehends sinken. Hatte ich doch zu hoch gepokert? Allen bohrenden Zweifeln zum Trotz kämpfte ich mich Schritt für Schritt in Richtung Hütte hoch. Endlich tauchte sie doch noch aus dem Nebel auf, und ich realisierte, daß der Regen nachgelassen hatte. Eine Frau, die ich vom Orientierungslauf kannte, brachte mir eine Wolldecke, führte mich in die Hütte und massierte meine gepeinigten Waden. Soll ich aufgeben, will ich überhaupt noch weiter? Diese Entscheidung konnte auch sie mir nicht abnehmen. Sie überließ mir ihre Wanderbluse, und ich machte mich auf zum Panoramatrail. Und dann lief es wieder erstaunlich gut, bis es erneut zu regnen anfing. Der Regen wurde immer stärker, eisiger Wind gesellte sich dazu. Zum Glück gab es auf dem Panoramatrail nochmals eine Verpflegungsstelle, an der uns große Kehrichtsäcke gegen die Kälte übergestreift wurden. Wie die Lemminge trotteten wir weiter, der schmale Weg stand schon bald ganz unter Wasser. Weit und breit nur Regen, Nebel, Wind – und kein Scaletta-Paß in Sicht. Doch Wille und Motivation stimmten jetzt wieder, ich war überzeugt, irgendwie das Ziel zu erreichen. Mir schien, daß sehr viel Zeit verstrichen war, als ich plötzlich das Zelt auf dem Scaletta-Paß vor mir sah. Zulaufen und rein ins Zelt war meine einzige Devise. Ein Bild des Jammers erwartete mich dort. Viele Läufer saßen oder standen schlotternd umher, Tee floß über klamme Finger, die keinen Becher mehr ruhig halten konnten. Kaum hatte ich eine Decke über meinen Schultern, mahnte uns ein junger Betreuer zum Aufbruch: «Geht miteinander, es hört auf zu regnen. Dies ist eure Chance, es sind nur vier Kilometer bis runter zum Dürrboden.» (Die restlichen 15 Kilometer hielt er offenbar für nicht der Erwähnung wert!) Also ein weiteres Mal raus in die Kälte. Tatsächlich sah man schon das Restaurant auf dem Dürrboden. Vorsichtig hintereinander im Bach gehend – einen Weg konnte man das nicht mehr nennen, stiegen wir ab. Mit jedem Schritt wurde es wärmer, die Freude und die Gewißheit «Ich schaffe es» kamen zurück. Auf dem Dürrboden entledigte ich mich des Kehrichtsackes, gönnte mir eine kurze Verpflegungspause und machte mich langsam joggend auf den Talweg. Davos lockte, und meine Moral stieg mit jeder Minute. Schritt für Schritt, eine letzte Verpflegung, die ersten Häuser von Davos – ein unbeschreibliches Gefühl. Auf den letzten Kilometern begleitete mich ein Läufer aus Davos. Das achte Mal sei er schon dabei, dies sei der härteste SAM gewesen. Nach 11 Stunden und 32 Minuten erreichte ich das Ziel in Davos. Die Menschen in den Straßenrestaurants applaudierten, die vielen Zuschauer im Eisstadion empfingen auch uns langsamere Läufer wie Sieger, und mein Mann freute sich wie ein Schneekönig. Nach der Ziellinie wurde mir der Finisherkristall in die Hand gedrückt, Gratulationen von allen Seiten. Ich ahnte, daß ich etwas ganz Besonderes vollbracht hatte. Aber realisiert habe ich es erst einige Zeit später. Noch heute packt mich die Freude, wenn ich daran zurückdenke. Ein neues Abenteuer 1999? – Ja, sicher!

Hans Wartenweiler, 41 Jahre Matterhorn, Biel, Swiss Alpine

Bis Mitte 1996 joggte ich – meist am Wochenende und an einem zusätzlichen Wochentag – jeweils rund eine Stunde ziel- und planlos durch die Gegend. Das stark verschwitzte Trikot und ein hochroter Kopf gaben mir das Gefühl, etwas geleistet zu haben und recht fit zu sein. Weder mit diesen unregelmäßigen Läufen noch mit dem zusätzlich begonnenen Krafttraining im Fitneßcenter konnte ich meinem Übergewicht beikommen. Die Fettpolster blieben von diesem Treiben unbeeinflußt: Sie blieben, wo sie waren.

Im Herbst 1996 meldete ich mich zusammen mit meiner Frau zum Life-Management-Seminar bei Ole Petersen an. Hier lernten wir, daß auch beim Laufen Körper und Geist Hand in Hand «arbeiten» müssen. Ferner zeigte uns die Leistungsdiagnose klar auf, wie es um unsere körperliche Leistungsfähigkeit und Fettpolster stand. Zu Beginn des Seminars definierten alle Teilnehmer persönliche Leistungsziele. Auf meinem Wunschzettel notierte ich folgende Zielvorgaben:

- Ich werde bis Sommer 1997 schlank sein (Gewichtsverlust von ca. sechs Kilo)
- Matterhornbesteigung 1997
- Teilnahme am Engadiner Skimarathon und am Swiss Alpine Marathon 1998
- Ich werde bis 2000 einen Triathlon erfolgreich absolvieren

Den Engadiner schaffte ich bereits im Frühjahr 1997, aber der gewünschte Gewichtsverlust stellte sich nicht ein. Eine spätere Analyse zeigte auf, daß ich viel zuviel im Kraftbereich trainierte, da ich die Geduld für langsame, fettabbauende Läufe im Grundlagenbereich nicht aufbrachte.

Mit einem weiteren Ziel, den 100 Kilometern von Biel, habe ich die Saisonplanung erneut in Angriff genommen. Gefragt war ein neuer Trainingsplan, der auf den aktuellen Daten der Leistungsdiagnose basierte. Der von Ole Petersen präzisierte Trainingsplan umfaßte sehr viel Grundlagenausdauer- und Basistraining, das ich je nach Witterung und Saison mit Laufen und Fahrradfahren absolvierte. Skitouren, Langlauf und Roller-Blades-Ausflüge ergänzten das Training optimal.

Am Wochenende standen die langen Trainingseinheiten von zwei bis vier Stunden auf dem Programm. Auch mehrstündige Wanderungen und Bergtouren haben sich als gutes Grundlagentraining bewährt.

Anfangs tat ich mich mit dem Basistraining sehr schwer. Weil ich viele Laufkilometer mit meinem Hund unterwegs war, der sich in seiner ungestümen Art und mit tierischem Vergnügen über Ole Petersens Tempovorgaben hinwegsetzte, mußte ich häufig meine Pulswerte kontrollieren. Die langen Trainingseinheiten im Grundlagenbereich haben den Vorteil, daß man sich danach sehr rasch erholt. Meinem Ziel, schlanker zu werden, kam ich nun jede Woche ein Stück näher. In der Zeit von Januar bis Mai 98 verlor ich ca. sechs Kilo Körpergewicht, und mein Körperfettanteil reduzierte sich in dieser kurzen Zeit um fast acht Prozent.

Zur Vorbereitung auf die 100 Kilometer von Biel hatte ich mich für ein Schlüsseltraining am Pfäffikersee angemeldet. Es sollte mir zeigen, ob mein Trainingsaufbau stimmt; außerdem wollte ich ausgiebig Wettkampfausrüstung und -verpflegung testen. Am Training beteiligte sich auch eine Läuferin, die sich auf den Swiss Alpine Marathon vorbereitete. Was sie mir von der Faszination eines solchen Berglaufes erzählte, elektrisierte mich sofort. Vielleicht ein weiteres Saisonziel?

Mein gesetztes Zeitlimit erreichte ich in der «Nacht der Nächte» in Biel nicht. Bis Kilometer 80 konnte ich mein Trainingstempo problemlos laufen. Doch danach wurden meine Beine immer schwerer, Schmerzen machten sich bemerkbar. Ich fühlte mich ziemlich angeschlagen, körperlich wie mental. Um meine Durchhaltemoral war's nicht mehr sonderlich gut bestellt. Endlich entschied ich mich, in aller Ruhe zu Ende zu marschieren. Als ich schließlich ins Ziel kam, war ich glücklich und zufrieden. Ich hatte an diesem Tag alles gegeben, was ich zu geben hatte. Zeit ist eben doch nicht alles. Überrascht und erfreut war ich über die rasche Regeneration in der Folgewoche. Das gute

Training war also nicht umsonst gewesen.

Nach diesem besonderen Erlebnis in Biel setzte ich mein Training hochmotiviert fort. Im Hinblick auf den Swiss Alpine trainierte ich viel intensiver als vorher am Berg. Der Erfolg ließ in Davos nicht auf sich warten, und ich erreichte meine Wunschzeit trotz sehr schlechten Wetters ab der Keschhütte, dem letzten Streckendrittel. Im Regen dachte ich oft an die verregneten Trainingsstunden am Pfäffikersee zurück. Meine arg luftige Bekleidung war in dieser Höhe alles andere als optimal. «Raus aus den nassen Klamotten und ab unter die warme Dusche» – diese wohlige Perspektive ließ mich weiterrennen. Stolz nahm ich nach dem Zieleinlauf den Bergkristall in Empfang. Ob er mir in Zukunft in schwachen Momenten helfen wird? Ich glaube fest daran.

Das Training hat sich gelohnt, meine (Lauf-)Träume haben sich erfüllt, und auch mein Wunschgewicht konnte ich bis heute halten. Ich bin ausgeglichener und ruhiger geworden. Ich habe erleben dürfen, was es heißt, selbstgesetzte Ziele zu erreichen.

Ihnen möchte ich folgenden Ratschlag mit auf den Weg geben. Wenn Sie einen Traum, ein Ziel haben – behalten Sie es im Auge und definieren es. Verlieren Sie keine Zeit, beginnen Sie mit dem Training, noch heute. Mit gutem Willen und passendem Coaching ist fast alles möglich, wenn nicht gleich im ersten Jahr, dann bestimmt im Folgejahr. Es gibt nichts Schöneres, als das Laufen in der freien Natur zu genießen. Halten Sie die Augen offen, tanken Sie Kraft in der Natur auf. Folgendes Zitat von Seneca soll Sie auf Ihrem Weg begleiten: «Wer den Hafen nicht kennt, in den er segeln will, für den ist kein Wind ein günstiger.»

Diese motivierenden Lauferlebnisse stehen exemplarisch für viele, die wir mit den von uns betreuten Sportlern und Sportlerinnen gemeinsam machen durften.

Nun aber zu Ihnen, liebe Leserinnen und Leser – jetzt ist es an der Zeit für **Ihre** ganz persönliche Erfolgsstory!

Kernaussagen der Einleitung:

1. Jeder und jede kann einen Marathon bewältigen.
2. Es ist nie zu spät, mit Laufen anzufangen.
3. Ein Marathon ist immer ein ganz persönliches Erfolgserlebnis.

Ihre Ausgangslage

Die subjektiven Voraussetzungen angehender Marathonläufer sind so verschieden wie sie selbst. Keine persönliche Geschichte, egal wie sportlich oder unsportlich sie auch klingen mag, gleicht der anderen. Es ist daher sinnvoll, diese individuellen Gegebenheiten bei Zielsetzung und Aufbau Ihres Trainingsplanes in Betracht zu ziehen. Es macht etwa für den zeitlichen Horizont des «Unternehmens Marathon» einen Unterschied, ob Sie bislang jeglicher sportlicher Aktivität den Rücken gekehrt haben und vielleicht momentan etwas übergewichtig sind oder ob Sie seit einiger Zeit regelmäßig joggen. Bei Ihrer Zielsetzung, die Sie im nächsten Kapitel definieren, ist auch die Frage der Zeitspanne (von jetzt bis zu Ihrem ersten Marathon) zu beantworten, und um dafür eine realistische Antwort zu geben, müssen wir Ihre Ausgangslage einbeziehen.

Ich kann Sie leider nicht einzeln befragen, deshalb behelfen wir uns damit, daß wir Kategorien bilden, und Sie müssen sich entscheiden, zu welcher Sie gehören.

Ausgangslage 1: Regelmäßige Jogger

Sie laufen/joggen/walken seit mindestens 9 Monaten, würden sich selber nicht mehr als Anfänger bezeichnen und trainieren regelmäßig, mindestens zweimal pro Woche. Die Dauer pro Einheit beträgt 40 Minuten oder mehr. Für Sie ist es kein Geheimnis, wie Distanzen von fünf bis acht Kilometern am Stück bewältigt werden können. Allerdings können Sie sich im Moment noch nicht vorstellen, wie Sie die komplette Distanz von 42 Kilometern und 195 Metern bewältigen sollen. Eventuell haben Sie sich ja nach dem Abspulen Ihrer Standard-Trainingsstrecke schon einmal gefragt, wie es wäre, die gleiche Strecke direkt noch einmal zu laufen, aber Ihr Körper hat Ihnen signalisiert: «Vergiß es – ich will unter die Dusche, essen und ausruhen.» Seien Sie beruhigt, das geht jedem Jogger so, der immer gleich lang und vor allem gleich schnell läuft. Wie Sie dies ändern können, lernen Sie in Kürze.

In diese Kategorie 1 würde ich auch Läufer einordnen, die schon einen Halbmarathon gelaufen sind oder sich bereits einmal an einem Marathon versucht haben, aber aus irgendwelchen Gründen aussteigen mußten.

Für diese erste Läuferkategorie sollte ein Zeitraum von sechs Monaten ausreichend sein, um sich solide auf den Marathon vorzubereiten. Im Vordergrund steht die Verbesserung der Ausdauerfähigkeit. Eine solche Trainingsumstellung erfordert etwas Geduld, und es ist nicht immer ganz einfach, den gewohnten und liebgewonnenen «Trampelpfad» bisheriger Trainingsmethoden zu verlassen, denn schließlich haben Sie damit bereits eine ganze Menge erreicht. Im Kapitel *Trainingsplanung* gehe ich noch näher auf diese Umstellung ein.

Ausgangslage 2: Freizeitsportler/ Laufanfänger

Sie sind bisher noch nicht gejoggt, haben es vielleicht ein- oder zweimal versucht und danach die alten Tennisschuhe gleich wieder in die Ecke geschmissen. Insofern sind Sie ein blutiger Anfänger – aber unsportlich sind Sie deshalb noch lange nicht! Denn Sie spielen ein- oder zweimal pro Woche Tennis, Squash oder Fußball, fahren Rad oder schwimmen. Vielleicht gehen Sie auch mehrmals in der Woche in ein Fitneß-Center und absolvieren dort für eine Stunde ein Trainingsprogramm an Kraft- und Ausdauermaschinen. Mit anderen Worten: Sie treiben zwar gerne und regelmäßig Sport, nur joggen tun Sie eben nicht. Bei Ihnen gilt es, den Ausdaueranteil zu erhöhen und die muskulären Anpassungen für das Laufen eines Marathons durch gezieltes Training zu erreichen. Dafür dürfte eine Periode von neun Monaten ausreichend sein.

Ausgangslage 3: Nichtsportler/ Wiedereinsteiger

Sie treiben gar keinen Sport oder haben in den letzten zehn und mehr Jahren keinen Sport mehr getrieben, da Ihnen Beruf und Familie keine Zeit ließen. Figurprobleme sind Ihnen nicht fremd. Jetzt wird der Leidensdruck zu groß – es muß etwas passieren. Sie fühlen sich nicht mehr wohl in Ihrer Haut und möchten an Fitneß und Figur spürbar (und sichtbar!) etwas tun. Mit dem Laufen haben Sie definitiv eine der besten «Therapieformen» gewählt, die es gibt. Neben vielen praktischen Argumenten ist es die hohe Effektivität, die gerade für Berufstätige mit Familie das Laufen zum idealen Sport macht. Kein anderer Sport bietet einen so hohen «return on investment» (erzielter Effekt in bezug auf die eingesetzte Zeit).

Vermutlich rechnen Sie damit, daß so ziemlich jeder in Ihrem Bekannten- und Verwandtenkreis Sie für verrückt erklärt, wenn Sie von Ihren Marathonplänen erzählen (die Spannweite reicht von hämischem Grinsen bis zum mitleidigen Lächeln). Man traut Ihnen ja manches zu, das aber definitiv nicht. Eigentlich ist das doch die bestmögliche Motivation – Sie haben die Möglichkeit, es allen mal so richtig zu zeigen. Ihre Ausgangslage ist nicht schlechter als die der übrigen in den Kategorien 1 und 2. Denn Sie haben das größte Entwicklungspotential.

Ich möchte, daß Sie Ihr Marathonziel gesund erreichen und so viel Spaß daran haben, daß Sie sich vielleicht auch noch an andere sportliche Herausforderungen herantrauen. Daher ist ein großzügig bemessener Zeitrahmen von 15 Monaten nach Trainingsaufnahme bis zum ersten Marathon sinnvoll. Je nachdem, wieviel Gewicht Sie verlieren möchten und wie schnell sich Ihr Körper den Veränderungen anpaßt, mögen auch ein paar Monate mehr nötig sein. Ihr persönlicher Gesundheits-Check samt Leistungsdiagnose sowie das Beratungsgespräch mit einem (möglichst lauferfahrenen) Sportarzt werden Ihnen Aufschluß über den benötigten Trainingszeitraum für Ihren Marathon geben.

Denn es gilt, zwei Fliegen mit einer Klappe zu schlagen:

1. Sie müssen Ihr Herz-Kreislauf-System überhaupt erst einmal an eine sportliche Tätigkeit gewöhnen, und
2. Sie müssen Ihren Bewegungsapparat (Muskeln, Sehnen, Bänder etc.) und Ihre Ausdauer auf den Marathon vorbereiten.

Auch ich hätte mich 1989, als ich die ersten «Gehversuche» machte, in die dritte Gruppe gesteckt. Rückblickend betrachtet bin ich froh darüber, daß ich langsam angefangen und stetig aufgebaut habe und nicht wie andere bereits frühzeitig ausgelaugt oder des Sports generell überdrüssig war.

Nun bitte ich Sie, die Gruppe festzulegen, in der Sie sich am ehesten sehen:

1. Regelmäßige Jogger
2. Freizeitsportler/Laufanfänger
3. Nichtsportler/Wiedereinsteiger

An verschiedenen Stellen des Buches gehe ich immer dann speziell auf die Gruppen ein, wenn dies für das Verständnis förderlich ist. Ansonsten gelten die Ausführungen für alle gleichermaßen.

Egal, zu welcher Gruppe Sie gehören, ein medizinischer Check ist immer ratsam. Wie Sie diesen auch noch mit nutzbringenden Erkenntnissen für Ihr Training verbinden können, erfahren Sie im Kapitel *Leistungsdiagnose.* Doch zuvor noch etwas ganz Wichtiges: Ihr persönliches Marathonziel!

Zielsetzung und Visualisierung

Zielsetzung

Sicher kennen auch Sie das geflügelte Wort «Der Weg ist das Ziel». Das hört sich gut an und trifft sicher auch auf jemanden zu, der sein Ziel erreicht hat und nun mit Stolz auf seinen Weg zurückblickt. Auf die erfolgreich genommenen Hürden, auf die Höhen und Tiefen, die unterwegs zu bezwingen waren.

Gern wird der obige Ausspruch aber auch als Ausrede von denen benutzt, die sich nicht auf ein Ziel festlegen möchten oder schlicht und ergreifend kein Ziel haben.

Dies funktioniert für Ihr «Projekt Marathon» definitiv nicht: Wenn Sie kein konkretes Ziel vor Augen haben, werden Sie im entscheidenden Moment auch keine Energie freisetzen können, um mit Hindernissen und

Von der Idee zum Ziel

Klippen, die unterwegs auf Sie warten, fertig zu werden. Erinnern Sie sich kurz an die Geschichte von Marlies Denzler. Sie hätte es ganz sicher nicht bis zum Scaletta-Paß und anschließend ins Ziel des Swiss Alpine Marathon geschafft, wenn sie sich nicht schon Wochen und Monate vorher mental darauf eingestellt hätte.

Daher gilt: «Nur wer weiß, wo er hinwill, wird auch dort ankommen.»

Wir werden daher nun gemeinsam Ihr persönliches Marathonziel definieren. Eines steht schon mal fest: Sie wollen einen Marathon laufen. Ich bitte Sie nun als erste Übung, Ihr Marathonziel hier in dieses Buch zu schreiben. Beginnen Sie Ihre Zieldefinition mit dem Wort «Ich».

Dies ist ein guter Anfang. Vielleicht haben Sie Ihr Ziel in etwa so formuliert:

«Ich möchte gern einen Marathon laufen» oder

«Ich will einmal einen Marathon beenden» oder

«Ich würde schon gern einen Marathon ...» oder

«Ich bin gespannt, ob ich es schaffe».

Motivation in der Zielsetzung

Solche Formulierungen helfen nicht, Ihre Motivation zu fördern, weil eine solche Wortwahl Sie nicht in die Pflicht nimmt. Sie läßt Ihnen die Möglichkeit, auszuweichen beziehungsweise sich hinter vagen Absichtserklärungen zu verstecken.

Beispiel: «Ich möchte gerne ...» zieht oft eine Relativierung nach sich wie «... aber ich habe ja keine Zeit».

Außerdem steckt in solchen Formulierungen immer auch die Möglichkeit des Scheiterns, des Versagens.

Eine motivierende Formulierung muß das Ziel als realisierbaren Zustand beschreiben, d. h., Sie unterstellen, daß es so sein wird, wie Sie es sich heute wünschen:

«Ich **werde** einen Marathon laufen.»

Es kann also gar nicht anders sein. Nur so nehmen Sie sich selbst in die Pflicht und verankern den Erfolg in Ihrem Unterbewußtsein.

Die Motivation in der Zielsetzung ist wichtig, da Sie problemlos Hunderte Gründe finden, warum das mit Ihrem Abenteuer Marathon scheitern könnte. Aber Sie können sicher sein: Alle Gründe, die Sie finden mögen, lassen sich entkräften.

Diesen Komplex von Klippen und Barrieren in unserem Hirn nenne ich das «Killer-Modul». Es wird immer dann aktiv, wenn wir eine gute Idee haben oder uns einen Traum erfüllen wollen, der tief in unserer innersten Gefühlswelt verborgen ist. Sicher ist es Ihnen auch schon einmal passiert, daß Sie einen dieser Geistesblitze hatten, für Millisekunden stellte sich ein tolles Gefühl ein – und war kurz darauf wieder verschwunden, weil sich alle möglichen Wenns und Abers in unserem Kopf breitmachten.

Das Killer-Modul ist sehr kreativ und hat nur eine Aufgabe: Sie davon abzuhalten, etwas zu tun.

Es quält Sie so lange mit den Risiken, die bei einer Herausforderung auf Sie zukommen, bis Sie die Idee bereits im Ansatz begraben: Ideen und Pro-

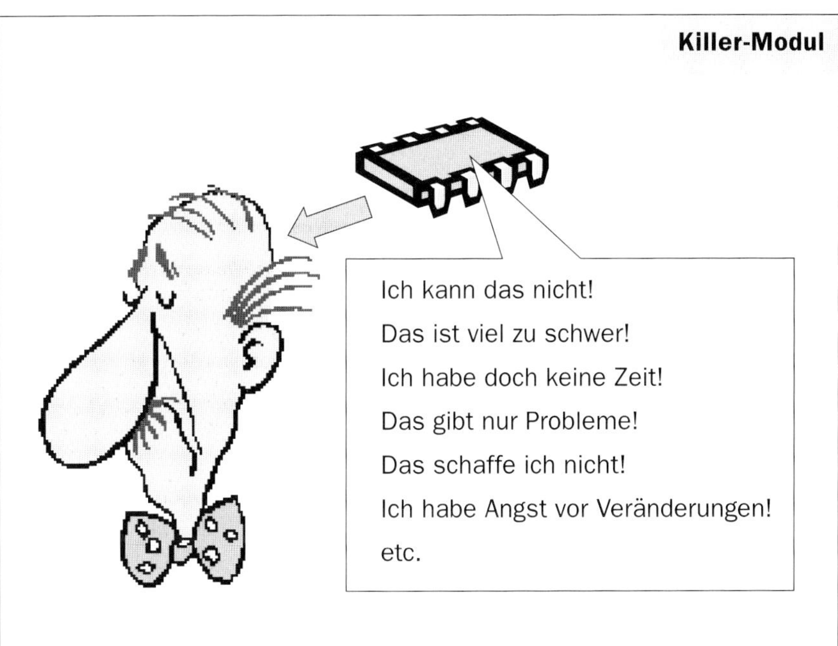

jekte werden so schon geknickt, bevor sie sich zu einem konkreten Plan formieren können. Da diese Vorgänge sich unbewußt und innerhalb von Millisekunden abspielen, haben wir wenig Chancen, diese zu beeinflussen. Gerade deshalb ist eine verpflichtende Zielsetzung so wichtig, um eine Herausforderung mit starker Motivation anzunehmen.

Präzision in der Zielsetzung

Sie müssen Ihr Ziel so präzise wie möglich formulieren. Wenn Sie es nicht klipp und klar definieren, aussprechen und aufschreiben können, wie wollen Sie es dann erreichen? Also müssen wir Ihr Ziel noch weiter präzisieren, da Sie ja nicht irgendwann irgendeinen Marathon laufen werden, sondern einen ganz bestimmten. Eventuell haben Sie ja schon eine Veranstaltung ins Auge gefaßt. Vielleicht möchten – nein: werden! Sie zu Ihrem 40. Geburtstag den New York Marathon finishen, oder Sie haben bereits den Marathon in Ihrer Stadt verfolgt und sich gesagt: «Was die können, kann ich auch!»

Sollten Sie noch keine Idee für den Ort Ihres ersten Marathons haben, so werfen Sie doch mal einen Blick in den Anhang. Dort sind einige Veranstaltungen mit Kurzbeschreibungen aufgeführt.

Sollte der Berlin Marathon für Sie die erste Wahl sein, dann lautet Ihr Ziel nunmehr:

«Ich werde den Berlin Marathon laufen.»

Winner-Modul

Ich kann es!

Ich versuche es!

Dafür nehme ich mir Zeit!

Hindernisse gibt es immer wieder!

Das schaffe ich!

Ich freue mich auf Veränderungen!

etc.

Sie wollen aber noch mehr, denn Sie möchten bei diesem Marathon nicht einfach nur mitlaufen, sondern ihn auch beenden. Also präzisieren Sie die Zielsetzung:

«Ich werde den Berlin Marathon beenden/finishen.»

Natürlich können Sie auch andere Faktoren hinzufügen, wie zum Beispiel:

«Ich werde den Berlin Marathon ohne Schmerzen beenden» oder

«Ich werde beim Berlin Marathon mit einem Lächeln auf den Lippen das Ziel erreichen».

Eine klar fixierte Endzeit würde ich Ihnen für den ersten Marathon dagegen nicht empfehlen. Die Gefahr, zu verkrampfen und den Spaß am heißersehnten ersten Marathon zu verlieren, ist zu groß.

Zeit in der Zielsetzung

Jetzt fehlt nur noch die Zeitkomponente für das Training. Nicht umsonst heißt es: «Ein Ziel ist ein Traum mit Deadline.»

Bei der Prüfung Ihrer besonderen Ausgangslage haben wir ungefähre Vorbereitungszeiten (vom ersten Training bis zum Tag des ersten Marathons) angegeben, an denen Sie sich orientieren können. Diese waren:

Ausgangslage 1:
Regelmäßige Jogger **ca. 6 Monate**
Ausgangslage 2:
Freizeitsportler/
Laufanfänger **ca. 9 Monate**
Ausgangslage 3:
Nichtsportler/
Wiedereinsteiger **ca. 15 Monate**

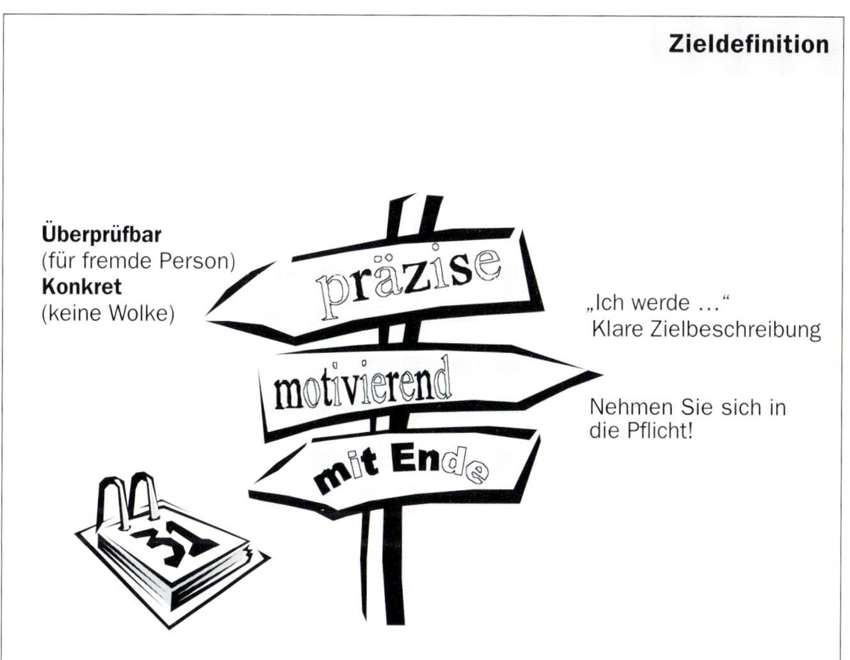

Gehören Sie zur dritten Gruppe, dann lautet Ihr Ziel, ausgehend von einem Trainingsbeginn im Juli 1999:

«Ich werde am 24. September 2000 den Berlin Marathon finishen.»

Natürlich können Sie sich auch mehr Zeit lassen, schließlich müssen Sie ja nichts überstürzen.

Die Zielformulierung ist für den Erfolg des «Unternehmens Marathon» von zentraler Bedeutung. Nehmen Sie sich dafür – in entspannter, angenehmer Atmosphäre – genügend Zeit. Das Ziel, einen Marathon zu laufen, sollte wirklich von Herzen kommen und keine fixe Idee sein. Nur so kann man sich auf das Wesentliche konzentrieren.

Jetzt bitte ich Sie, Ihr Marathonziel nochmals aufzuschreiben und dabei die drei Elemente

Motivation
Präzision
Zeit

mit einzubinden.

Mein persönliches Marathon-Ziel lautet:

Ich ______________________________
____
____

Herzlichen Glückwunsch – Sie haben soeben den ersten Grundstein für Ihren Marathon-Erfolg gelegt: Zweifeln Sie noch am Sinn dieser Übung?

Ich möchte Ihnen an dieser Stelle mit zwei typischen Situationen aus meiner Wettkampfpraxis nochmals verdeutlichen, wie wichtig die mentale Komponente für eine körperliche Leistung insbesondere im Ausdauerbereich ist.

Juni 1994, 100-Kilometer-Lauf von Biel: Mit meinem Trainingskollegen Bernd Michel habe ich mich mehr oder weniger unerfahren an diesen Klassiker der Ausdauerszene gewagt, mit der Zielsetzung «Ich werde den Bieler 100er im Juni 1994 finishen!». Am Anfang läuft es trotz Dauerregens nicht schlecht. Unsere Begleiter auf Bikes haben wir bei Kilometer 40 verloren, sie blieben im Schlamm stecken. Wir kämpfen uns bis Kilometer 60 durch und beschließen, uns am Verpflegungsposten massieren zu lassen. Ein fataler Fehler, wie sich später herausstellen sollte. Der Kreislauf beginnt sich im wohlig warmen Massagezelt auf Ruhe und Entspannung einzustellen. Als wir wieder in den nächtlichen Regen eintauchen, beginnt mein Körper sich zu wehren: Er sendet das ganze Register seiner Müdigkeitssignale. Ich beginne an der Nacht- und Nebelaktion zu zweifeln und trotte neben Bernd her wie ein willenloses Stück Fleisch.

«Was mache ich eigentlich hier?»

«Warum das Ganze?»

«Daheim könnte ich schön im warmen Bett kuscheln.»

«Was wollte ich eigentlich hier?» schießt mir da durch den Kopf, und ganz allmählich schaffe ich es, mich auf meine Zielsetzung zu besinnen: Ich wollte finishen. Bei Kilometer 70 weiß ich, daß ich aus dem Motivationsloch nur herauskomme, wenn ich die Zähne zusammenbeiße und mir immer wieder mein großes Ziel vor Augen führe: in Biel zu finishen. Nach weiteren fünf, sechs Kilometern lief es wieder wie geschmiert, bis ins Ziel. Rückblickend habe ich daraus dreierlei gelernt:

1. Als mein Motivationstief kam, gab es eigentlich keinen Grund, warum ich nicht auch ohne diesen Ballast an negativen Gedanken hätte weiterlaufen können.
2. Zumindest bei mir können sich negative Gedanken und körperliche Verfassung wie in einer Spirale gegenseitig nach unten ziehen.
3. Ohne ein vorher fest definiertes Ziel hätte ich sicher den Lauf abgebrochen.

November 1995, Ultraman in Hawaii: An den ersten beiden Tagen wird geschwommen und geradelt. Das «Dessert» am dritten Tag hat es in sich: Ein Doppelmarathon, gelaufen auf der Radstrecke des Ironman (von Hawi nach Kona), ist mit seinen unendlichen «rolling hills» und der extremen Hitze ein harter Brocken, an dem man ganz schön zu kauen hat. An diesem Tag war ich nicht sonderlich motiviert, immer wieder kam der Zweifel hoch: «Was soll das Ganze?» Im Selbstgespräch gab ich mir immer wieder die Antwort. «Es macht mir Spaß!» Nach 15 Minuten war das Wechselspiel zwischen Kopf und Körper, Aufhören und Weitermachen entschieden. Nach 7:47 h und 84 Kilometern überquerte ich glücklich die Finish-Line. Nur durch *mein* Ziel

(«Ich werde am 25. November 1995 den Ultraman Hawaii in den Top ten finishen») und durch das Bewußtsein meiner Hauptmotivation («Spaß») ist mir dies gelungen.

Hauptmotivation

Jetzt kommen wir zur Sinnfrage, dem großen Warum. Ich möchte hier nicht ins Philosophische abdriften, denn einen Marathon zu laufen macht so viel oder wenig Sinn wie fast alles andere im Leben. Die Sinnfrage können Sie nur selbst beantworten. Warum also wollen Sie einen Marathon laufen?

Sie wissen es nicht? Es ist «nur mal so eine Idee» von Ihnen? – Vergessen Sie es! Ein Marathon ist definitiv nichts, was man eben mal so im Vorbeilaufen «runterreißt». Wenn es nur so eine fixe Idee ist oder irgendwie schick und «in», dann sollten Sie nochmals in sich gehen und fragen, ob da nicht andere Träume und Wünsche viel weiter oben auf Ihrer Prioritätenliste stehen.

Sie wissen es! Sie möchten es schaffen, Sie möchten sich kennenlernen, Ihre Grenzen ausloten, herausfinden, ob auch Sie es schaffen können, abzunehmen, sich fit und dynamisch zu fühlen, einen großen Lauf zu absolvieren usw. Aber was haben Sie dann erreicht, wenn Sie fit sind, wenn Sie schlank sind, sich gesund fühlen – was ist dann?

Sie sind glücklich? – Ihre Hauptmotivation ist Glück!

Sie sind zufrieden? – Ihre Hauptmotivation ist Zufriedenheit!

Sie haben Spaß? – Ihre Hauptmotivation ist Spaß!

Es erfüllt Sie mit Freude? – Ihre Hauptmotivation ist Freude!

Es erfüllt Sie mit Stolz? – Ihre Hauptmotivation ist Stolz!

Ich bin/habe ______________________

Meine Hauptmotivation ist

______________________________!

Da Sie als angehender Marathoni von vielen Ihrer Freunde, Bekannten und Kollegen als Spinner, Masochist o. ä. gehandelt werden («Warum quälst du dich nur so?»), ist es ganz hilfreich, eine passende Antwort parat zu haben. Ihre Hauptmotivation verdichtet sich in einem emotionalen Begriff. Er ist weder erklärungsbedürftig noch diskussionsfähig.

Wenn der Körper nicht mehr kann und der Kopf nicht mehr will, sollten Sie tief in sich nach der Stimme suchen, die ihnen erzählen kann, weshalb Sie sich auf diesen Kampf eingelassen haben. Das Wechselspiel zwischen Körper und Geist ist spannungsgeladen und reizvoll. Dieses Spannungsverhältnis ist für viele Läufer die Triebfeder, sich an immer längere Distanzen heranzuwagen.

Jetzt haben Sie den zweiten Grundstein für *Ihren* Marathon gelegt, Sie haben sich Klarheit verschafft, warum Sie überhaupt auf die legendären 42,195 Kilometer gehen wollen. Bis zur ersehnten Finishline werden Sie Ihr mentales Fundament noch erweitern. Dazu benutzen wir die Technik der Visualisierung.

Visualisierung

Schon wieder eines dieser geflügelten Worte, die angeblich Flügel verleihen: «If you can dream it – you can do it.» («Wenn du es träumen kannst, kannst du es auch schaffen.») In der Tat beweisen die meisten Erfolgsstories aus Sport, Musik, Kunst, Wirtschaft oder Wissenschaft, daß wir uns die Grenzen im Kopf selber ziehen. Dennoch gibt es in diesem Spiel auch eine Komponente, die Realität heißt. Dieses Realitätsprinzip sagt klar und eindeutig, daß es für die meisten Läufer absolut unmöglich ist, die 2-Stunden-Schwelle beim Marathon zu knacken, weil dazu neben vielem anderen eine außergewöhnliche genetische Disposition gehört. Aber einen Marathon zu finishen, davon kann und darf nicht nur jede und jeder träumen, diesen Traum können die allermeisten auch wahr werden lassen.

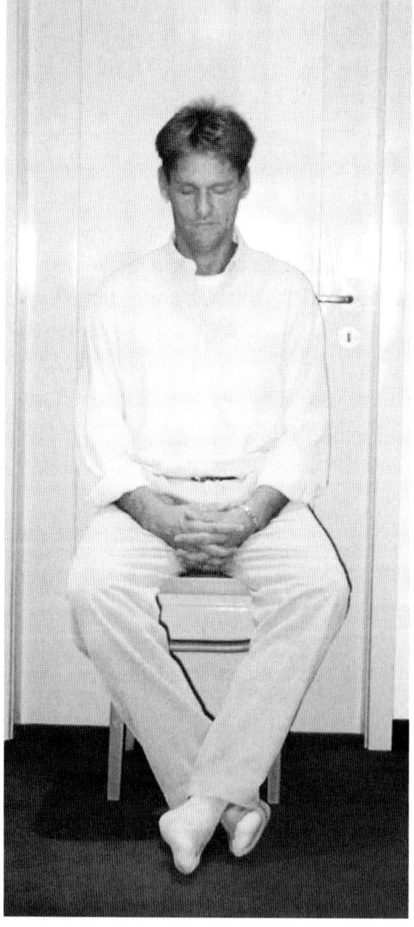

Visualisierungs- und Entspannungstraining

Weil wir unser Handeln und Tun, alle unsere Planungen fast ausschließlich auf der logischen/rationalen Ebene steuern, sind wir es nicht gewohnt, mit unserer emotionalen Energie umzugehen.

Doch es ist primär unsere emotionale Energie, die in unserem Leben über Erfolg und Mißerfolg entscheidet. Die heutige Hirnforschung geht davon aus, daß sich die Gesamtheit unserer Energie wie folgt aufteilt:

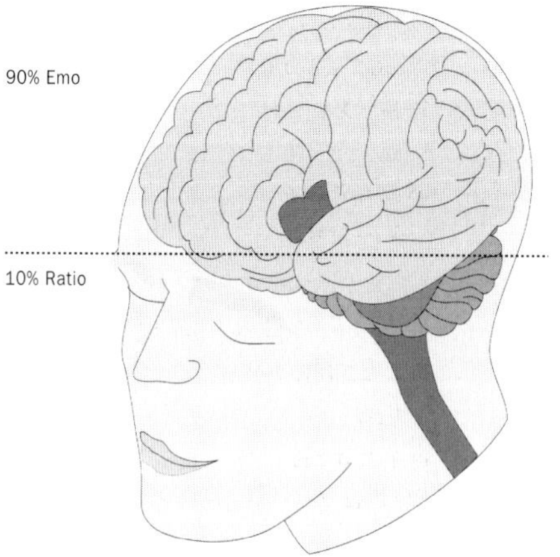

Nutzen Sie die Technik der Visualisierung systematisch zur Mobilisierung Ihrer emotionalen Ebene, und erschließen Sie sich so einen Großteil der in Ihnen schlummernden Energiepotentiale.

Sie benötigen:

- 20 Minuten Zeit
- eine CD mit Meditationsmusik (siehe Anhang)
- einen bequemen Sessel
- einen ruhigen, eventuell abgedunkelten Raum.

Vorgehen

Setzen Sie sich bequem in den Sessel, stellen Sie leise Hintergrundmusik an.

Sprechen Sie zuerst zweimal exakt den Wortlaut Ihrer Zieldefinition, um Ihre «Programmierung» aufzufrischen.

«Ich werde am 24. September 2000 den New York Marathon finishen!»

Schließen Sie dann Ihre Augen, stimmen Sie sich gedanklich auf Ihr Ziel ein.

Nachdem Sie sich ausreichend eingestimmt haben, fokussieren Sie Ihre Gedanken und Gefühle auf ein bestimmtes Bild – das Bild, das Sie im Ziel Ihres ersten Marathons zeigt. Es muß kein reales Bild von Ihrem Marathon sein, auch ein Phantasiebild ist gut. Wichtig ist, daß dieses Bild für Sie den Erfolg beim Marathon symbolisiert.

- Beobachten Sie sich, wie Sie Ihre Startvorbereitungen treffen.
- Beobachten Sie sich, wie Sie voller Energie laufen.
- Spüren Sie, wie sich Ihr Körper anfühlt.
- Beobachten Sie, wie Sie über den Zielstrich laufen. Schauen Sie sich diese Szene mehrmals an.
- Genießen Sie den Zustand, spüren Sie die tiefe Zufriedenheit, die sich einstellt.

Lassen Sie die Augen noch etwa ein bis zwei Minuten geschlossen, und strecken und recken Sie Ihre nunmehr entspannten Glieder. Dann öffnen Sie langsam die Augen.

Effekt

Durch die Visualisierung, die gedankliche Verbildlichung Ihres Zieles, programmieren Sie Ihr Unterbewußtsein sehr effektiv und wirkungsvoll. Sie erreichen somit, daß auch die anderen 90 % Ihrer Energie an der erfolgreichen Verwirklichung Ihres Marathonziels mitarbeiten:

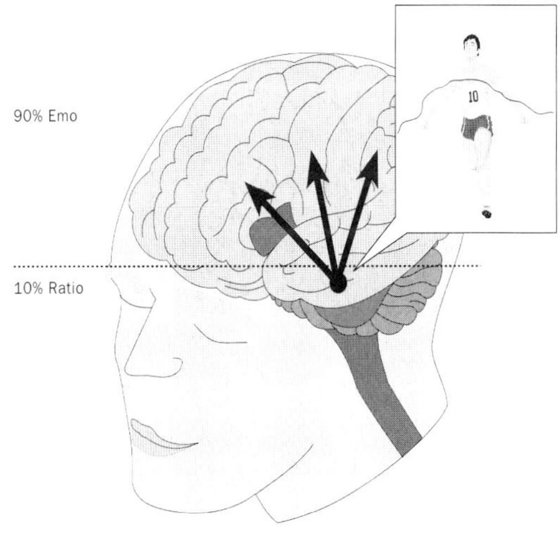

Häufigkeit
Ich empfehle Ihnen, diese Übung alle 14 Tage einmal durchzuführen. Sie setzen somit Stein für Stein auf Ihr mentales Fundament. Diese einfache Form der Visualisierung mag keinen hochwissenschaftlichen Kriterien genügen, aber sie erfüllt ihren Zweck. Ich gehe davon aus, daß Sie keine Zeit haben, einen mehrwöchigen Kurs in Mentaltraining zu besuchen.

Übrigens können Sie sich auf diese Weise ebenso auf wichtige berufliche Ereignisse mental vorbereiten – oder auch einfach nur entspannen. Zu diesem Zweck stellen Sie sich z. B. Bilder von Lieblingsorten oder -situationen vor. Weitere Angaben zu Entspannungstechniken finden Sie im Kapitel *Regeneration*.

Kernaussagen:

1. Die Zielsetzung macht das (Marathon-)Leben einfacher.
2. Die drei Elemente eines Ziels sind Motivation, Präzision und Zeit.
3. Eine fixe Idee ist noch lange kein verpflichtendes Ziel.
4. Sie sollten genau wissen, weshalb Sie das definierte Ziel verfolgen (Hauptmotivation).
5. Durch Visualisierung wird die Wirkung der Zielsetzung verstärkt.
6. Unbedingter Wille ist für die Verwirklichung eines Ziels erforderlich.

Check-up und Leistungsdiagnose

Wie ist es um meine körperliche Fitneß bestellt?

Laufanfängern wird vielfach vor Aufnahme des Trainings zu einer eingehenden sportmedizinischen Untersuchung geraten. Auch ich rate Ihnen dazu dringend, und zwar aus zwei Gründen:

1. Sie sollten sicher sein, daß Sie sich ohne Risiko körperlich belasten können.
2. Ein sportmedizinischer Check-up liefert Ihnen Daten für eine zielgerichtete Steuerung Ihres Trainings, die unbedingt nötig ist, wenn Sie keine Zeit verschwenden wollen (vier Stunden pro Woche).

Bedingung ist, daß Ihr Check-up in etwa so durchgeführt wird, wie ich es im folgenden beschreibe.

Immer wieder hören wir von Laufanfängern, die sich ohne Abklärung der Risikofaktoren nach Jahren der körperlichen Inaktivität Hals über Kopf ins Training stürzen, weil sie plötzlich das dringende Bedürfnis verspüren, ihrer Bewegungsarmut zu Leibe zu rücken. Für die Steuerung der Belastungsintensität wird mit Faustformeln (z. B. Puls = 220 minus Lebensalter/generell Puls 130 /«Man sollte sich immer unterhalten können» etc.) gearbeitet, um an einer aufwendigen Diagnose von Gesundheitszustand und Leistungsvermögen vorbeizukommen. Die meisten wissen gar nicht, daß es heute auch anders geht.

Die ersten Lauferfahrungen sehen für viele dann so aus: «Jetzt muß es passieren!», und ab geht die Post. Hinein in die Sport- oder Tennisschuhe, die in der hintersten Ecke des Kleiderschrankes ein Schattendasein fristen, und das obligatorische T-Shirt oder Sweat-Shirt aus Baumwolle. Und los geht's, aus der Haustür raus und mit vollem Speed Richtung Wald, die ungläubigen Blicke der Nachbarn im Rücken. Früher ist es ja schließlich auch gegangen, und jetzt schauen wir mal, was noch so in uns steckt. Die Gesichtsfarbe wechselt schon bald ins Tiefrote. Endlich wird das Tempo gedrosselt auf eine Geschwindigkeit, bei der wir wenigstens das Gefühl haben, genügend Luft zu bekommen, hier hört und sieht einen ja niemand. Wenn dann aber ein «Leidensgenosse» leicht und beschwingt vorbeizieht, wird das Tempo wieder forciert, bis die Luft wirklich raus ist. Nach 20 bis 30 Minuten sind wir wieder zu Hause angelangt und beenden mit einem satten Schlußspurt bis an die Haustür das «Training». Es wird geduscht, dann kommt das Schönste: Mit einer opulenten Mahlzeit – wir haben ja schließlich ganz schön geackert! – werden die verbrauchten Kalorien gleich wieder «reingeschaufelt». Am nächsten Tag plagt uns Muskelkater; ein Ziehen hier, ein Zerren dort, tiefe Erschöpfung, lähmende Zweifel. Laufen – so ist das? Am nächsten Wochenende versuchen wir es noch einmal. Nun muß aber eine Steigerung her: schneller, weiter, härter. Zur Erschöpfung kommen noch Schmerzen an Gelenken, Bändern und Muskeln, von denen wir nicht einmal wußten, daß wir sie haben. Nach wenigen Wochen wird der Qual ein Ende gesetzt.

Klar: Ganz so kraß geht es in der Realität wohl nicht zu. Aber die Erfahrungen vieler Laufneulinge sind demotivierend, weil ihnen die Prinzipien eines vernünftigen Trainings ein Buch mit sieben Siegeln sind.

Meine eigene Erfahrung

Richtig heißgemacht durch die Berichte über den NYC-Marathon und Hawaii-Ironman, kramte ich meine alten Tennisschuhe aus einer Kiste vom Dachboden und rannte los. Bereits nach wenigen hundert Metern Bergaufrennens ging mir die Puste aus. Nach einer kurzen Gehpause versuchte ich es nochmals und bekam nach kurzer Zeit Seitenstechen. Ich konnte einfach nicht verstehen, wieso das nicht besser lief. Ich startete noch mehrere Versuche in den nächsten Wochen, jedoch stieß ich immer wieder auf das gleiche Problem: Banal gesagt, ich konnte nicht das, was ich meinte, können zu müssen. Erst Monate später wurde ich durch einen Sportmediziner und Leistungsdiagnostiker mit einer gesunden und effektiven Trainingsform vertraut gemacht.

Laufanfänger haben es schwer, an die nötigen Informationen für den gesunden Einstieg zu kommen. Die Mediziner erbringen ihre Dienste erst dann, wenn etwas «kaputt» ist, Fachzeitschriften und Fachliteratur zum Laufsport sind in der Regel für Anfänger zu leistungsorientiert. Bleiben noch die gutgemeinten Ratschläge von Freunden und Kollegen, bei denen es nur durch mühsames Probieren möglich ist, herauszufinden, was auf einen selbst zutrifft und was nicht. So ist es manchmal erschreckend anzuhören, auf welch langen und beschwerlichen Umwegen Anfänger und Wiedereinsteiger einen für sie passenden Weg finden.

Auf jeden Fall gilt: Faustformeln wie «Einfach losrennen & Puls 130» sind Schnee von gestern. Die Entwicklung ist nicht stehengeblieben, es gibt heute Besseres – weshalb bedienen Sie sich nicht professioneller Methoden und Techniken aus Präventivmedizin und Leistungssport?

Um ein seriöses und effektives Training nach der 3L-Methode zu betreiben, ist eine individuelle Bestandsaufnahme unerläßlich. Um es in aller Deutlichkeit zu sagen: Ohne die Check-ups und die daraus abgeleiteten Trainingssteuerungen wären die in der

Einleitung beschriebenen Erfolge nicht möglich gewesen.

Was genau die 3 L «locker, leicht und lang» für Sie bedeuten, werden Sie auf den nächsten Seiten erfahren. «Locker und leicht»: Wie schnell ist das eigentlich? Und wie lang ist «lang»?

«Locker und leicht» heißt: gezieltes und mäßiges **Herz-Kreislauf-Training** im sogenannten Fettverbrennungsbereich. Es ist für die Steuerung Ihres Trainingsprogramms nötig zu wissen, wie sich *Ihr* Herz-Kreislauf-System unter Belastung verhält und welches Leistungsvermögen es hat.

Gegner dieser Ansicht argumentieren so: Der Großteil der Läuferinnen und Läufer ist mit Faustformeln gut bedient; außerdem verhalten sich Herz und Kreislauf unter Belastung ähnlich. Wozu also der ganze Aufwand?

Dabei wird beim Blick in den Spiegel sehr deutlich, daß jeder Mensch ein Individuum ist – auch Sie sind einmalig! Wir haben zwar alle eine Nase, zwei Augen, einen Mund usw., und dennoch finden wir unter Millionen von Menschen nicht einen, der gleich aussieht. Spätestens wenn dann noch Mimik und Gestik hinzukommen (d. h. das Gesicht in Bewegung), dann sind selbst eineiige Zwillinge sofort auseinanderzuhalten. Diese Tatsache trifft nicht nur auf unser Äußerliches zu, sondern auch auf die Zellen im Inneren des Körpers. Wir sind zwar alle mit einem Herz, einer Lunge, Blutbahnen usw. ausgestattet, doch auch was diese Organe betrifft, ist jeder Mensch ein Unikat.

Menschen sind verschieden und individuell: charakterlich, physiognomisch, physiologisch. Spätestens wenn wir dieses System «Körper» in Aktion betrachten, wird deutlich, wie groß hier die Unterschiede sein können. Einer meiner früheren Arbeitskollegen (damals 46 Jahre alt) hat sich bei einem Belastungstest mit Puls 228 Schlägen/min. noch «pudelwohl» gefühlt (im Fachjargon nennt man das einen eher «hochtourigen» Kreislauf). Dagegen ist ein 14jähriger Radamateur bei Maximalbelastung nicht über eine Pulsfrequenz von 150 gekommen («niedertouriger» Kreislauf). Dazu sind noch die erbrachten Leistungen extrem unterschiedlich. Ein effektives und zeitsparendes Trainingsprogramm muß der individuellen Disposition jedes einzelnen Rechnung tragen. Ein weiteres Problem von Faustformeln ist, daß sie Veränderungen des Fitneßzustandes unberücksichtigt lassen. Doch gerade eine untrainierte Person (Wiedereinsteiger) erfährt in den ersten 6 bis 18 Monaten eine enorme Veränderung des körperlichen Leistungsvermögens. Ein Praxis-Beispiel: Einer unserer Laufanfänger, der in den ersten Wochen extreme Mühe hatte, seinen Puls unterhalb 150 Schlägen/min. zu halten, mußte sich nach 15 Monaten Fettstoffwechseltraining bereits anstrengen, überhaupt diesen Pulswert noch zu erreichen. Am Anfang lief/ging er eine Geschwindigkeit von 7:30 min./Kilometer, nach 12 Monaten war er bereits bei 6:00 min./Kilometer angelangt. Wie will eine Faustformel diesen Veränderungen gerecht werden? Es gilt also: Ihr Kreislauf und der einer anderen Person sind zwei verschiedene Systeme mit verschiedenen Standards und Möglichkeiten.

Da nirgendwo festgeschrieben ist, welche Untersuchungen im einzelnen ein Check-up für Laufanfänger beinhaltet, möchte ich Ihnen die beiden wesentlichen Elemente kurz beschreiben:

1. **Gesundheitsstatus** mit Beurteilung der Risikofaktoren für Herz-Kreislauf-Krankheiten
2. Sportmedizinische **Leistungsdiagnostik** mit Ermittlung der idealen Trainingsbereiche

1. Der Gesundheitsstatus

Er dient der Ermittlung des gesundheitlichen Zustandes in bezug auf die wichtigsten Systeme des Körpers, insbesondere um die Abklärung einer uneingeschränkten Belastungsfähigkeit. Bewegungsmangel und ungesundes Eßverhalten sowie umwelt- und arbeitsplatzbedingte Stressoren haben einen erheblichen Einfluß auf unseren Gesundheitszustand. Es wundert daher kaum, daß die Herz-Kreislauf-Erkrankungen in den deutschsprachigen Ländern die Hitliste der Todesursachen mit über 65 % anführen. Als Marathoni mit einem gesundheitsfördernden Trainingsprogramm (wie hier beschrieben) sollten Sie Ihr individuelles Risiko erheblich minimieren können. Der Gesundheitsstatus beinhaltet folgende Einzeluntersuchungen:

a) Anamnese

In der Anamnese wird nach vergangenen Erkrankungen und Unfällen sowie zur Zeit bestehenden Gesundheitsstörungen gefragt.

b) Somatische Untersuchung

Mit dem Stethoskop (Höhrrohr) werden Herz und Lungen nach auffälligen Geräuschen abgehört. Innere Organe des Bauchraumes (Leber, Milz, Darm, evtl. Prostata) werden abgetastet und Blutdruck und Ruhepuls gemessen.

Bei hohem Blutdruck über längere Zeit steigt das Risiko für Herzerkrankungen, Hirnschlag, Nierenleiden, Augen- und Gefäßschäden; die Lebenserwartung sinkt. Mögliche Ursachen sind: Übergewicht, regelmäßiger Nikotin- und/oder Alkoholkonsum, Bewegungsmangel, Streß, Lärm usw.

c) Blutscreen

Beim Blutscreen sollten die Blutproben im nüchternen Zustand entnommen werden, d. h., der Proband nimmt ab Mitternacht vor der Blutentnahme weder Nahrung noch Flüssigkeit zu sich, um eine gewisse Standardisierung zu gewährleisten.

Die für Herz-Kreislauf-Erkrankungen relevanten Risikofaktoren sind:

	Normwerte
Blutzucker (Glukose)	3,3 bis 6,1 mmol/L
Blutfett (Cholesterin gesamt)	3,4 bis 6,7 mmol/L
Harnsäure (Urea)	♂ 150–420 µmol/L ♀ 120–340 µmol/L

Blutfett Cholesterin ist eine vom Körper selbst produzierte Substanz, die als Bestandteil der Zellwände und als Grundgerüst für viele Hormone lebensnotwendig ist. Der Cholesterinspiegel wird wesentlich durch die genetischen Veranlagungen bestimmt. Zusätzlich hat aber die Ernährung einen direkten Einfluß auf die Höhe des Cholesterinspiegels. Dabei sind nicht nur auf den ersten Blick erkennbare fettreiche Nahrungsmittel die Hauptlieferanten von Cholesterin, sondern auch z. B. Hühnerei und Leber.

Cholesterin als Risikofaktor Durch eine Gefäßschädigung können praktisch alle Organe in Mitleidenschaft gezogen werden. Im Hinblick auf das Herz-Kreislauf-System können Mangeldurchblutungen (Angina pectoris) oder gar bleibende Herzmuskelschäden (Herzinfarkt) die Folge sein.

Blutzucker und Harnsäure Auch sie können über eine Gefäßschädigung Erkrankungen praktisch aller Organe bewirken. Wohlgemerkt: Alle diese Stoffe sind lebensnotwendig. Probleme entstehen dann, wenn diese Substanzen infolge unserer Lebensweise (Bewegungsarmut, falsche Ernährung, Übergewicht) außerhalb der normalen Bandbreite liegen.

d) Fettmessung

Bei der Fettmessung geht es nicht um den Fettanteil im Blut (Cholesterin), sondern um die Menge an Fett, die über den ganzen Körper verteilt ist. Dieses sogenannte Depotfett wird vom Körper in der Regel über der Muskulatur abgelagert, genau in den Körperpartien, die gerne als «Problemzonen» bezeichnet werden. Bei der Frau liegen die «Probleme» im Bereich von Hüfte, Gesäß und Oberschenkel, beim Mann bei Bauch, Taille und Brust. Zur Bestimmung sind zwei Methoden erwähnenswert:

Widerstandsmethode Von der elektrischen Leitfähigkeit des Körpers wird auf dessen Zusammensetzung geschlossen.

Fotooptische Methode Ein Infrarot-Meßfühler wird an den Bizeps gehalten. Durch die Reflexion des ausgesendeten Infrarotstrahls kann die Menge der Fettzellen bestimmt werden.

Diese beiden Methoden bieten einen akzeptablen Kompromiß zwischen Aufwand und Meßgenauigkeit. Die Messungen sollten zum Zweck der Vergleichbarkeit immer mit derselben Methode und, wenn möglich, mit demselben Gerät gemacht werden.

Die Körperzusammensetzung gibt Aufschluß über das Verhältnis zwischen inaktiver (Fett-) Masse und aktiver (Muskel-) Masse. Körperfett ist nicht nur sichtbar, sondern wirkt sich auch negativ auf unsere Leistungsfähigkeit aus, da es als inaktive Masse immer «mitgeschleppt» werden muß. Zwischen hohen Blutfettwerten (Cholesterin) und einem hohen Körperfettanteil (Fettleibigkeit) besteht nur bedingt ein Zusammenhang. Ein fettleibiger Mensch kann durchaus normale Cholesterinwerte haben, und umgekehrt kann eine schlanke Person hohe Cholesterinwerte haben.

e) Lungenfunktionstest
Hierbei werden Volumen und Geschwindigkeit des Ausatmens gemessen, um eventuelle Atembehinderungen festzustellen (z. B. Asthma, chronische Bronchitis, Veränderung der Atemwege infolge von Nikotinkonsum).

Weitergehende Untersuchungen

Beweglichkeitstests Bei dieser Untersuchung wird der Bewegungsapparat der Testperson auf Einschränkungen überprüft. Bewegungsarmut führt zwangsläufig auch zu einer Einschränkung der Beweglichkeit. Dies kann so weit führen, daß Gegenstände nicht mehr schmerzfrei vom Boden aufgehoben werden können.

Mit dem in Kapitel *Regeneration* beschriebenen «Optimal-Stretch» können Sie bei regelmäßiger Anwendung einen großen Teil Ihrer Beweglichkeit erhalten bzw. wiederherstellen.

Doppler-Ultraschall Werden bei den oben genannten Untersuchungen (Abhören des Herzens, EKG, Blutdruck) Unregelmäßigkeiten festgestellt, empfiehlt sich eine nähere Untersuchung mithilfe des Doppler-Ultraschalls. Diese ermöglicht schmerzfrei und ohne Skalpell einen Blick ins Herz. Solche Untersuchungen sollten von einem versierten Spezialisten gemacht werden.

Für diesen ersten Teil des Check-up (Gesundheitsstatus) sind je nach Ausführung zwei bis drei Stunden nötig. Häufig beteiligen sich die Krankenkassen an den medizinischen Untersuchungen; sehr kundenfreundliche Kassen bieten ihren Versicherten sogar jährlich einen umfassenden Check-up als kostenfreie Leistung an, da sie erkannt haben, daß Prävention besser (und billiger) ist als Reparatur.

Anwendung
Grundsätzlich sollte jeder vor Beginn des Marathontrainings einen Check-up durchführen, in jedem Fall aber alle aus Gruppe 2 (Freizeitsportler/Laufanfänger) und Gruppe 3 (Nichtsportler/Wiedereinsteiger).

Bei Gruppe 1 (Regelmäßige Jogger) würde ich dann davon absehen, wenn vor nicht allzu vielen Jahren ein Check-up erfolgte und das bisherige Training nie zu Problemen (Herzrhythmusstörungen, Erschöpfungszustände, Schwindelanfälle o. ä.) geführt hat.

Ist der Gesundheitsteil des Check-up abgeschlossen, folgt die sportmedizinische Leistungsdiagnose mit der Ermittlung der idealen Trainingsbereiche.

2. Die Leistungsdiagnostik

Dieser Begriff ist etwas irreführend, da viele Hobbysportler auf den ersten Blick vermuten, es ginge um die Feststellung der individuellen Leistungsfähigkeit. Aber es geht nicht um Höchstleistung, Sie werden auch nicht mit anderen verglichen und müssen sich auch nicht in bester Verfassung präsentieren.

Ermittelt wird Ihre Ausdauerfähigkeit bei verschiedenen Belastungsintensitäten. Während des Tests werden die geleistete Arbeit, der Puls und gegebenenfalls noch andere Parameter aufgezeichnet. Der eigentliche Nutzen für Marathonläufer liegt darin, daß auf Basis der Aufzeichnungen die individuellen Pulswerte für die verschiedenen Trainingsbereiche abgeleitet werden, mit denen Sie Ihr Training steuern können. Dies ist sehr wichtig, denn Sie möchten sicher nicht ständig im roten Bereich «drehen» (also «überdrehen»), Ihr Herz-Kreislauf-System überfordern und somit Ihrer Gesundheit schaden, statt sie zu fördern.

Die im Check-up angewandten Leistungstests stammen aus der Sportmedizin. Bereits in den sechziger Jahren hat man sich dort intensiv mit dem Kreislaufverhalten von Ausdauersportlern unter Belastung auseinandergesetzt. Durch die Belastungstests versuchte man das Leistungsvermögen von Sportlern präziser zu ermitteln (aktueller Leistungsstand, ideale Belastungsintensitäten, Konsequenzen für die Trainingssteuerung). Führend auf diesem Gebiet waren die Leistungsdiagnostiker der Ex-DDR. Am FKS (Forschungsinstitut für Körperkultur und Sport) in Leipzig wurden die Tests auch bei den Auswahlverfahren zur Sichtung von Talenten herangezogen.

Heute sind die hier vorgestellten Testmethoden aus dem Spitzensport nicht mehr wegzudenken; sie gehören zum Standard. Körpersignale, wenn wir sie überhaupt bewußt wahrnehmen, sind in ihrer Verschiedenheit oft nur schwer zu verstehen. Deshalb nutzen gerade die Spitzenathleten in Ausdauersportarten (wie Jan Ullrich, Erik Zabel, Dieter Baumann oder Thomas Hellriegel) Leistungsdiagnose und Pulsmesser für leistungsorientiertes effektives Training, obwohl diese Sportler in der Regel über ein extrem ausgeprägtes Körperbewußtsein verfügen.

Jahrelang standen die Testverfahren nur einer kleinen Sportelite zur Verfügung. Ende der siebziger Jahre wurden sie dann auch dem Amateur- und Hobbysportler zugänglich gemacht. Daß es sich dabei auch um sinnvolle Instrumente und Techniken für Anfänger, Nichtsportler und Wiedereinsteiger handelt, hat sich erst in den letzten Jahren herumgesprochen. Immer mehr Krankenkassen gehen dazu über, ihren Mitgliedern die Kosten für solche Leistungstests zu erstatten, da sie erkannt haben, daß gerade der präventive Effekt gezielten Herz-Kreislauf-Trainings von unschätzbarem Wert ist.

Machen Sie also nicht den Fehler und denken, Gesundheits-Check und Leistungsdiagnostik seien nur sinnvoll für Profisportler. Wenn Sie heutzutage Ihr erspartes Geld anlegen möchten, tragen Sie es ja auch nicht einfach auf die Bank und geben sich mit einem Sparbuch zufrieden, welches nur mäßig Zinsen abwirft. Nein – Sie wollen den maximalen Gewinn bei möglichst wenig Risiko und bedienen sich daher der Anlagestrategien von Fachleuten. Sie lassen sich kompetent beraten. Warum sollten Sie es dann mit Ihrem Marathontraining anders machen?

Damit Sie die Testmethoden richtig verstehen und interpretieren können, müssen wir uns zunächst mit der Energiekette und den Stoffwechselvorgängen im Körper bei verschiedenen Belastungsintensitäten auseinandersetzen.

Energiekette
Eine physikalische Leistung erfordert Energie. Zur Energieproduktion wird Treibstoff gebraucht, welcher mit Hilfe von Sauerstoff oxidativ verarbeitet (= verbrannt) wird. Um den benötigten Sauerstoff vom Aufnahmeort (Lunge) in die Muskelzelle (Energiefabrik und Arbeitsort) zu transportieren, muß ein Pumpsystem vorhanden sein. Diese Funktion übernimmt das Herz-Kreislauf-System mit dem Herz als Pumpe und den Arterien (vom Herz wegführende Blutgefäße) und den Venen (zum Herz zurückführende Blutgefäße). Muß oder will der Körper eine größere Leistung erbringen, steigt der Energiebedarf an. Zur Deckung des Mehrbedarfs wird mehr Treibstoff umgesetzt, nicht anders als beim

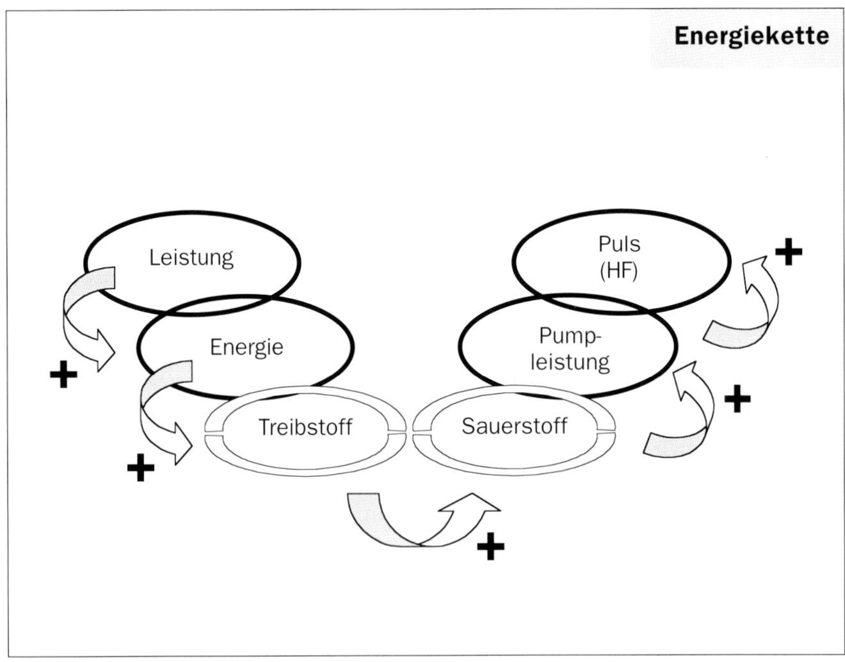

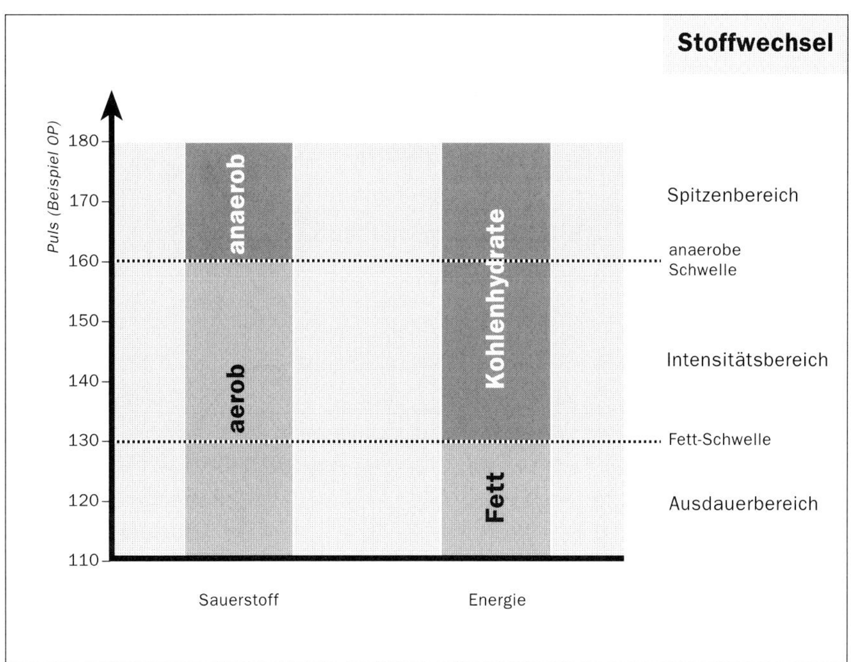

Autofahren: höheres Tempo = höherer Benzinverbrauch. Damit aber diese größere Treibstoffmenge auch verarbeitet werden kann, ist mehr Sauerstoff erforderlich. Durch eine gesteigerte Pumpleistung des Herz-Kreislauf-Systems (schnelleres Pumpen) wird die größere Transportleistung erreicht. Das spüren wir deutlich am erhöhten Pulsschlag. Daher ist die Pulsmessung auch eine einfache, aber sinnvolle Methode, die Trainingsbelastung zu steuern.

Sauerstoff

Wenn Sie sich zunächst auf die linke Säule der Grafik konzentrieren, sehen Sie dort die zwei Stoffwechselzustände in bezug auf den Sauerstoff, den **aeroben** und **anaeroben** Stoffwechsel.

Diese zwei Stoffwechselsysteme sind von zentraler Bedeutung für die Leistungsbereitstellung des Körpers.

Aerob heißt **mit** Sauerstoff, d. h., die Leistungsbereitstellung erfolgt mit ausreichender Sauerstoffversorgung in der Arbeitsmuskulatur.

Anaerob heißt **ohne** ausreichend Sauerstoff, d. h., bei steigender Leistung vermag die Arbeitsmuskulatur nicht mehr genügend Sauerstoffmoleküle aufzunehmen.

Im **aeroben** Bereich (= mit Sauerstoff) wird die benötigte Energie in einem Verbrennungsprozeß produziert. Dabei werden, abhängig von der Belastung, Fettsäuren und/oder Kohlenhydrate (Zucker) mit Hilfe von Sauerstoff zu Wasser und Kohlendioxyd verbrannt. (Ähnliches passiert mit Benzin und Sauerstoff in einem Verbrennungsmotor.) Je höher die momentan erbrachte Leistung ist, desto höher ist auch der Umsatz von Fettsäuren und/oder Kohlenhydraten (Zucker) und damit auch von Sauerstoff.

Um diesen Sauerstoff in die energieproduzierenden Muskelzellen zu bringen, muß das Herz rascher pumpen. Dies zeigt sich im Ansteigen des Pulses.

Ist bei steigendem Energiebedarf die Sauerstoff-Aufnahmekapazität der Muskulatur erschöpft, muß weitere Energie mit Hilfe eines Systems erzeugt werden, das nicht auf dem ökonomischen Verbrennungsprinzip beruht. Mit dem **anaeroben** (= ohne Sauerstoff) Stoffwechsel kann zusätzliche Energie bereitgestellt werden. Jetzt wird aber der energieliefernde Zucker nicht mehr verbrannt (wie im Automotor), sondern vergärt (wie bei saurem Most). Als Abfallprodukt fällt Milchsäure/Laktat an. Es entsteht zu viel Milchsäure, um sie wie beim aeroben Stoffwechsel noch problemlos abbauen zu können. Eine länger dauernde anaerobe Belastung läßt den Sportler über kurz oder lang im wahrsten Sinne des Wortes «versauern». Der Stoffwechsel bricht unter der Übersäuerung zusammen.

Erinnern Sie sich an das Beispiel unseres Laufanfängers im ersten Kapitel: Bereits an der ersten Straßenecke steigt er in den anaeroben Stoffwechsel ein, so als befände er sich am Ende eines Sprints und nicht am Anfang eines langen Laufs. Das geht einige Minuten gut, bis der Körper selber das Tempo drosselt – unser Laufneuling hat das Gefühl, nicht genügend Luft zu bekommen, und schlägt deshalb ein langsameres Tempo an. Kaum hat er sich etwas erholt, wird wieder Gas gegeben. Erneut werden einige Minuten im anaeroben Bereich absolviert, bis die Kapazitäten dieses Systems erschöpft sind. Dies kann, je nach Leidensfähigkeit, mehrere Minuten dauern. Anschließend wird aerob weitergelaufen. Dieses Hin und Her oberhalb und unterhalb der anaeroben Schwelle ist typisch für einen Anfänger. Eine so wechselhafte Belastung verschafft dem Körper weder einen sinnvollen Trainingsreiz, noch ist sie gesund. Vor diesem Hintergrund erklären sich auch Aussagen wie «Joggen? Kann ich gerade mal bis zur nächsten Ecke» von selbst.

Energie

Wenn Sie jetzt die rechte Säule der Grafik betrachten, sehen Sie dort die zwei Stoffwechselzustände in Relation zum benutzten «Brennstoff»: **Kohlenhydrat**- und **Fett**-Stoffwechsel.

Wie wird in unserem Körper Energie gewonnen, welche Substanzen werden als Energiequelle genutzt? Die zwei wesentlichen Energieträger sind die Kohlenhydrate und die Fette. Dabei geht es nicht um das, was wir gerade essen, sondern um die Speicherformen dieser Energieträger (Glykogen und Depotfett). Genau wie die anaerobe Schwelle bei der Sauerstoffversorgung, so gibt es auch bei der Energieversorgung eine Grenze, bei der der Körper von (primär) Fettverbrennung auf (primär) Kohlenhydratverbrennung umschaltet. Diese Grenze nennen wir Fettschwelle. Sie ist für die 3L-Methode von größter Bedeutung, weitaus wichtiger als die anaerobe Schwelle. Ihre Bedeutung wird klar, wenn wir uns die verschiedenen Trainingsbereiche anschauen.

Betrachten wir nämlich die beiden relevanten Faktoren Sauerstoffversorgung und Energieversorgung im Zusammenhang, so ergeben sich drei verschiedene Trainingsbereiche. Sportwissenschaftler unterteilen das gesamte Leistungsspektrum noch feiner, z. B. in fünf bis sieben Trainingsbereiche. Für Hobbyläufer geht es auch einfacher, wollen sie doch lediglich mit einfachen Mitteln einen respektablen Erfolg erzielen.

(Anmerkung: Bei den angegebenen Pulswerten in der Grafik (y-Achse) handelt es sich um **meine** Pulswerte als Beispiel. Ihre Werte sind individuell und müssen durch eines der später beschriebenen Testverfahren ermittelt werden.)

Der Ausdauerbereich = 3L-Bereich

- Im Leistungssport auch GA = Grundlagenausdauer
- Meine Beispielpulswerte: ♥ 110–130
- Die Intensität ist locker und leicht. Für die meisten Anfänger ist dieser

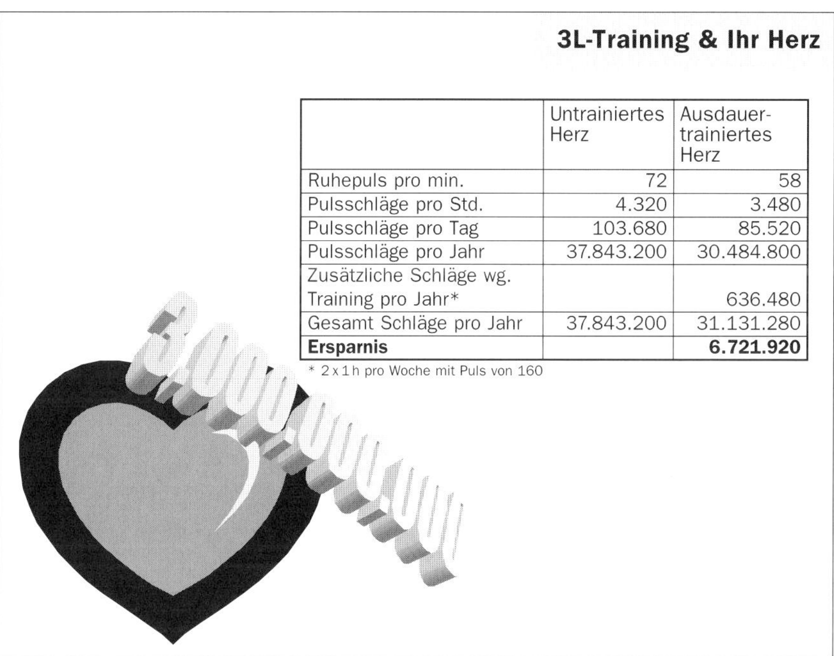

3L-Training & Ihr Herz

	Untrainiertes Herz	Ausdauer-trainiertes Herz
Ruhepuls pro min.	72	58
Pulsschläge pro Std.	4.320	3.480
Pulsschläge pro Tag	103.680	85.520
Pulsschläge pro Jahr	37.843.200	30.484.800
Zusätzliche Schläge wg. Training pro Jahr*		636.480
Gesamt Schläge pro Jahr	37.843.200	31.131.280
Ersparnis		**6.721.920**

* 2 x 1 h pro Woche mit Puls von 160

Pulsbereich zu Beginn eher Walking als Jogging.

Wie aus der Grafik ersichtlich, arbeitet der Körper mit ausreichender Sauerstoffversorgung in der Muskulatur (aerob) und bedient sich als Energiequelle primär der Fette.

In diesem Pulsbereich wird bei gleichmäßiger Ausdauerbelastung Depotfett verbrannt, und zwar so viel, daß Sie bereits nach einigen Wochen Training bei entsprechender Ernährung eine Veränderung feststellen können. Der Ausdauerbereich ist die wichtigste Trainingsintensität überhaupt, hier wird das Herz-Kreislauf-System am effektivsten trainiert. Die Bewegung unterhalb der Fettschwelle wird auch Fettstoffwechseltraining genannt. Diese Trainingsform hat, sofern sie wirklich diszipliniert innerhalb der ermittelten Pulsgrenzen absolviert wird, äußerst positive Auswirkungen auf Körper und Geist.

Als erstes paßt sich Ihr Herz-Kreislauf-System der Trainingsbelastung an – es wird leistungsfähiger; ein mögliches Sinken des Ruhepulses bestätigt das.

Auf eine durchschnittliche Lebensspanne berechnet, schlägt das menschliche Herz ca. dreimilliardenmal. Durch das regelmäßige Training lernt es, ökonomischer zu arbeiten. Es benötigt für die gleiche Leistung weniger Schläge. Wenn Ihr durchschnittlicher Ruhepuls durch das Training von z. B. 72 auf 58 sinkt (das dauert mehrere Monate bis zwei

3L-Training & Ihr Körper

Herz, Kreislauf

Das ausdauertrainierte Herz weist ein verbessertes Schlagvolumen auf
Die Sauerstoff- und Blutversorgung wird verbessert
Ökonomischere Arbeitsweise des Herzens im Ruhezustand
Reduziertes Herzinfarktrisiko

Atmung

Die Fähigkeiten der Atmungsorgane werden ökonomisiert, d. h. weniger Atemzüge für gleiche Sauerstoffversorgung

Muskulatur

Die Sauerstoffaufnahme und die Sauerstoffverwertung in der Muskulatur werden verbessert
Die Muskeln arbeiten ökonomischer

Knorpel, Sehnen, Bänder

Das Training führt zu einer Verstärkung und höheren Belastbarkeit des passiven Bewegungsapparates

Jahre), dann «sparen» Sie pro Jahr über sechs Millionen Pulsschläge ein. Führende Präventivmediziner behaupten, daß mäßiges Ausdauertraining lebensverlängernd wirken kann. Auch wenn diese Schlußfolgerung noch der Bestätigung durch Langzeitstudien bedarf – die Lebensqualität erhöht sich in jedem Fall erheblich.

Die Zusammenhänge in unserem Körper sind so vielfältig, daß sich das Training auch anderweitig auswirkt:

Es ist sinnvoll, den größten Teil (ca. 80 %) Ihres Marathontrainings im Grundlagenbereich zu laufen. Dieses Training gewährleistet zunächst einmal, daß Sie über die respekteinflößende Distanz von gut 42 Kilometern kommen. Wenn Sie also die positiven Effekte des Grundlagenausdauertrainings nutzen wollen, dann empfehle ich Ihnen, Ihr Training äußerst diszipliniert innerhalb der ermittelten Pulsgrenzen zu absolvieren.

Auch die Auswirkungen auf unsere Psyche sind vielfältig (siehe unten).

Der Intensitätsbereich

- Im Leistungssport auch KA = Kraftausdauer und EB = Entwicklungsbereich
- Meine Beispielpulswerte: ♥ 130–160
- Intensität ist mäßig anstrengend

Während die Sauerstoffversorgung immer noch ausreichend ist, bedient sich der Körper nun primär der Kohlenhydrate als Energiequelle. Es werden auch weiterhin Fette verbrannt, die Menge ist jedoch jetzt vernachläs-

3L-Training & Geist

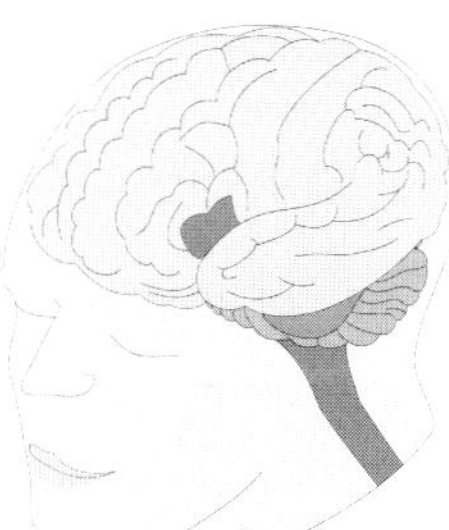

Verbesserte Durchblutung des Gehirns

Verbessertes Zusammenspiel von Körper und Gehirn (Kommandozentrale)

Gesteigertes Körperbewußtsein (bessere Wahrnehmung von Körpersignalen)

Abbau von geistigen Verspannungen (Streßsymptomen)

Unbewußte Verarbeitung von Reizen (Reizüberflutung)

Erhöhte Reaktionsfähigkeit

Mehr Motivation zur Problembewältigung (Winner-Modul)

sigbar. Kohlenhydrate stehen uns nur begrenzt zur Verfügung. Wir haben (als Glykogen) ca. 300 Gramm Kohlenhydrate in der Muskulatur und nochmals 150 Gramm in der Leber abgespeichert. Dies reicht je nach Trainingsstand für eine bis maximal zwei Stunden und kann während des Trainings nur in geringem Umfang ersetzt werden. Deshalb sprechen viele Marathonläufer davon, nach ca. 30 bis 35 Kilometern förmlich «gegen eine Wand» gelaufen zu sein. Die Kohlenhydratspeicher sind erschöpft, der Körper muß auf Fettverbrennung umschalten. Das Gefühl «nichts geht mehr» stellt sich ein, wenn das Ausdauerpotential nur mäßig entwickelt ist.

Trainieren Wiedereinsteiger und Hobbyläufer ohne präzise Pulsvorgaben aus einem Check-up, befinden sie sich rasch im Intensitätsbereich. Wir sprechen beim mittleren Intensitätsbereich (bei mir Puls 145) vom «Wohlfühltempo». Man läuft nicht am Anschlag und kommt trotzdem einigermaßen zügig vorwärts. Ohne große Anstrengung werden Sie Ihren Kreislauf auf diese «Drehzahl» bringen können. Sie haben in diesem Bereich auch nicht das Gefühl, sich zu überlasten. Nur leider stellen sich die vielen positiven Effekte nicht in dem Maße ein, wie das im 3L-Training der Fall ist. Bei Spielsportarten wie Tennis, Squash und Fußball kommen Sie mit Ihren Pulswerten gar nicht tiefer. Im Intensitätsbereich werden primär Kraft und Geschwindigkeit trainiert. Unser Körper benötigt nach einem solchen Training mehr Regenerationszeit als im Ausdauerbereich. Dennoch müssen wir ca. 30 Prozent in diesem Bereich trainieren, um eine solide Basis für die Kraftausdauer (z. B. Bergauflaufen) und für Tempoläufe zu legen.

Der Spitzenbereich

- Im Leistungssport ebenfalls Spitzenbereich
- Meine Beispielpulswerte: ♥ 160–180
- Intensität: hoch; extrem anstrengend

Im höchsten Leistungsbereich gehen wir eine Sauerstoffschuld ein. Das halten wir einige Sekunden bis wenige Minuten durch. Ein 100-Meter-Lauf findet ausschließlich im Spitzenbereich statt. Das Training oberhalb der anaeroben Schwelle ist für einen Sprinter absolut notwendig, für einen angehenden Marathonläufer dagegen ist ein Training im Spitzenbereich eher kontraproduktiv (lange Regeneration). Bei häufigem Training in diesem Bereich können unerwünschte Nebeneffekte auftreten (siehe Tabelle nächste Seite).

Diese negativen Effekte sind das Resultat der zu hohen Intensität und nicht der Trainingsdauer oder des Trainings an sich. Amerikanische Sportler bringen diesen Tatbestand in dem drastischen Satz «It's intensity what kills you» auf den Punkt.

Da für zahlreiche Wiedereinsteiger und von falschem Ehrgeiz getriebene Hobbyläufer eines oder mehrere der genannten Symptome gelten, trägt dies natürlich zum prekären Ruf des Mara-

Negative Auswirkungen von intensivem Training

Herz, Kreislauf	Durch zu intensive Belastungen können Erschöpfung, Kollaps, Schock etc. eintreten
	Gerade beim Intensitätstraining steigt das Herzinfarktrisiko
Muskulatur (aktiver Bewegungsapparat)	Verletzungen (Risse, Zerrungen), aber auch Verkürzungen, Verhärtungen und Krämpfe werden durch hohe Trainingsintensität und mangelnde Regeneration verursacht
Knochen, Knorpel, Sehnen, Bänder	Ein Mangel an regenerativen Maßnahmen (Ruhetage, Dehnen, Massage etc.) führt oft zu langwierigen Problemen
Psyche	Falsch angesetztes Training stellt einen weiteren Streßfaktor im Alltag dar, es kommt zu Frust und Demotivation
Allgemeine Leistung	stagniert oder wird schlechter

thons als Form sportlicher Betätigung für (fast) jedermann bei, trotz hoher präventiver Bedeutung z. B. für ein stabiles Herz-Kreislauf-System.

«Sport ist Mord», dichtet der Volksmund und glaubt doch selbst nicht so recht an den Wahrheitsgehalt dieses herrlichen Reims… Mit dem bereits erworbenen Wissen und dem medizinischen Check-up werden Sie die für Sie gesunden Trainingsintensitäten ohne Probleme umsetzen können.

Die Testmethoden der Leistungsdiagnostik

In der Sportmedizin existiert eine ganze Palette verschiedener Testmethoden. Ich möchte Ihnen nur die marathonrelevanten vorstellen:

- Smart-Test: für Einsteiger
- Conconi-Test: für Läufer
- Laktatstufen-Test: für Profis

Ich möchte an dieser Stelle darauf hinweisen, daß die Testverfahren (samt Durchführung, Protokollierung) leider nicht standardisiert sind. Jedes Institut (siehe Liste im Anhang) wählt die Testmethoden, Meßparameter und Auswertungskriterien, die es für sinnvoll erachtet. Bei den drei folgenden Testmethoden habe ich jeweils die gebräuchlichsten Versionen beschrieben.

Der Smart-Einsteigertest

Entstehung Diese Testmethode ist noch recht neu (seit Anfang 1998 auf dem Markt) und beruht auf langjährigen Forschungen der Polar Elektro OY, Finnland, des führenden Herstellers von Pulsuhren.

Zeitbedarf Mit Vorbereitung, Aufwärmen usw. ca. 20 Minuten.

Durchführung Der Sportler kann den Test selbst durchführen. Es sind keine Vorkenntnisse nötig, der Ablauf ist denkbar einfach. Die dafür nötige Pulsuhr (Polar M-Serie) ermittelt die idealen Trainingsfrequenzen während fünf verschiedener Belastungsstufen von je zwei Minuten Dauer. Zuerst werden die persönlichen Daten (Alter, Geschlecht, Gewicht) in die Uhr eingegeben. Man wählt eine ebene Geh-/Laufstrecke und startet die Uhr.

Die ersten zwei Minuten **geht** man mit langsamer Geschwindigkeit (langsames Schrittempo).

Die zweiten zwei Minuten **geht** man mit normaler Geschwindigkeit (Wandertempo).

Die dritten zwei Minuten **geht** man mit forschem Tempo (zügiges Walkingtempo).

Die vierten zwei Minuten werden mit langsamer Geschwindigkeit **leicht gejoggt**.

Die letzten zwei Minuten werden im normalen Tempo **gejoggt** (Wohlfühltempo, ggf. sogar etwas schneller).

Die jeweilige Stufe wird auf dem Display der Uhr angezeigt, der Übergang zur nächst intensiveren Stufe erfolgt nahtlos und wird durch einen Piepston signalisiert. Während der verschiedenen Intensitätsstufen sucht die Uhr nun einen bestimmten Referenzpunkt, der dann zur Trainingssteuerung dient. Die Uhr signalisiert: Referenzpunkt gefunden, der Test ist beendet. Dies kann bereits in der dritten oder vierten Belastungsstufe der Fall sein.

Auswertung Was mißt die Uhr eigentlich – und was ist überhaupt dieser ominöse Referenzpunkt? Der Meßparameter, auf dem dieses Testverfahren basiert, nennt sich Herzfrequenz-Variabilität. Unser Herz schlägt entgegen gängiger Annahme nicht regelmäßig. Dabei handelt es sich nicht um Herzrhythmusstörungen, sondern um eine ganz normale Erscheinung. Die Abstände zwischen den einzelnen Schlägen sind im ausgeruhten/entspannten Zustand regelmäßig unregelmäßig, d. h., in einem zyklischen Rhythmus werden die

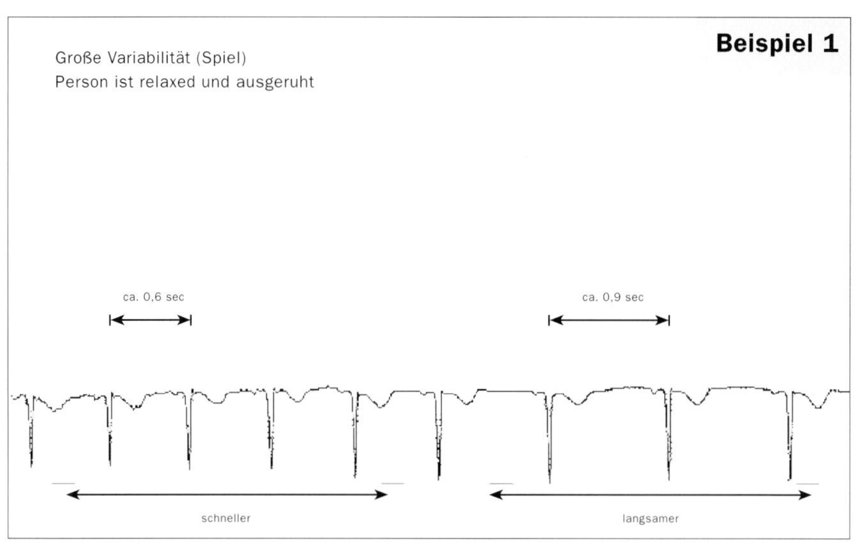

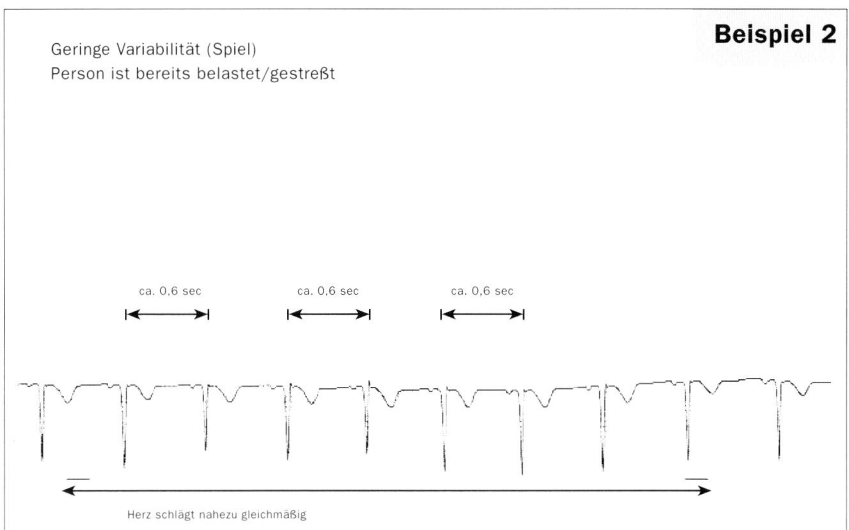

Abstände zwischen den Schlägen einige Sekunden lang länger und danach wieder kürzer.

Dieses Spiel nennt man Herzvariabilität. Je ausgeruhter Sie sind, um so größer ist das Spiel des Herzens. Beginnen Sie sich körperlich anzustrengen, nimmt das Spiel ab, und Ihr Herz schlägt nunmehr regelmäßig.

Die Herzfrequenz-Variabilität (das Spiel) verschwindet praktisch, wenn die Belastung ungefähr 65 % der individuellen maximalen Herzfrequenz beträgt. Genau diesen Punkt

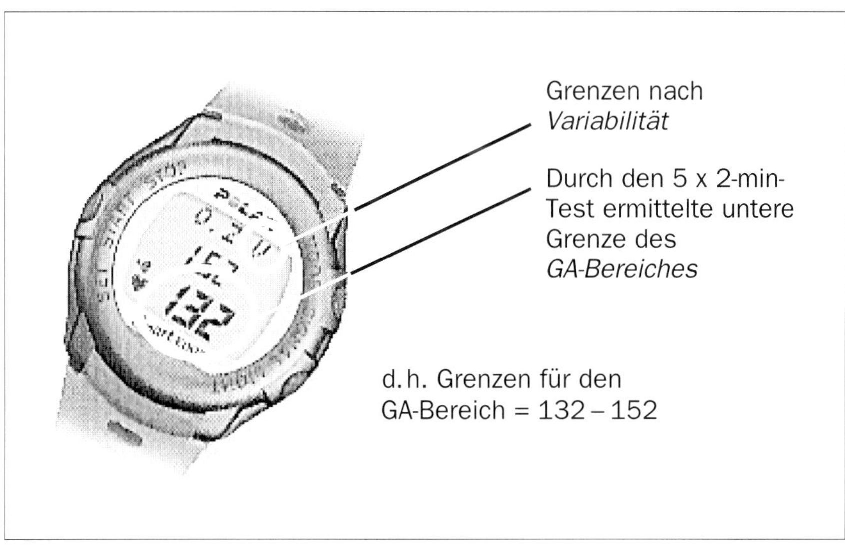

sucht die Uhr. Sie ist so präzise, daß sie die wenigen Millisekunden Unterschied registriert. Der ermittelte Referenzpunkt entspricht der unteren Grenze des Grundlagenbereiches.
Zu dieser unteren Grenze werden dann 20 Schläge addiert. Damit haben wir den Pulsbereich für Ihr Grundlagentraining definiert, in diesem Beispiel GA♥ = 132–152 Schläge pro Minute.

Kosten Dieser Test ist nur mit der Pulsuhr Polar (M-Serie) durchzuführen, Position «Low».
Eine lohnende Investition, da Sie zu jedem Zeitpunkt den Test selber durchführen können.

Vorteile Der Do-it-yourself-Test besticht durch seine Einfachheit. Man kann ihn überall, zu jeder Zeit und ohne fremde Hilfe durchführen. Somit erübrigt sich die Untersuchung an einem Institut für Leistungsdiagnostik oder einer ähnlichen Einrichtung.

Anwendung Der Smart-Test ist besonders für Einsteiger geeignet, weil bei ihm eine Ausbelastung bis an das Leistungsmaximum nicht nötig ist; für Untrainierte bietet er sich geradezu an. Wir haben bei Laufanfängern und Wiedereinsteigern mit diesem Test sehr gute Resultate erzielt. Die ermittelten Pulswerte werden von Testpersonen als niedrig empfunden, die daraus resultierende Laufgeschwindigkeit als angenehm langsam. (Der Test ersetzt natürlich nicht den vorher erläuterten Gesundheitsteil.)

Der Conconi-Test

Entstehung Der Conconi-Test zählt zu den bekanntesten leistungsdiagnostischen Verfahren, in den 70er Jahren erstmals von dem italienischen Biochemiker und Sportmediziner Fran-

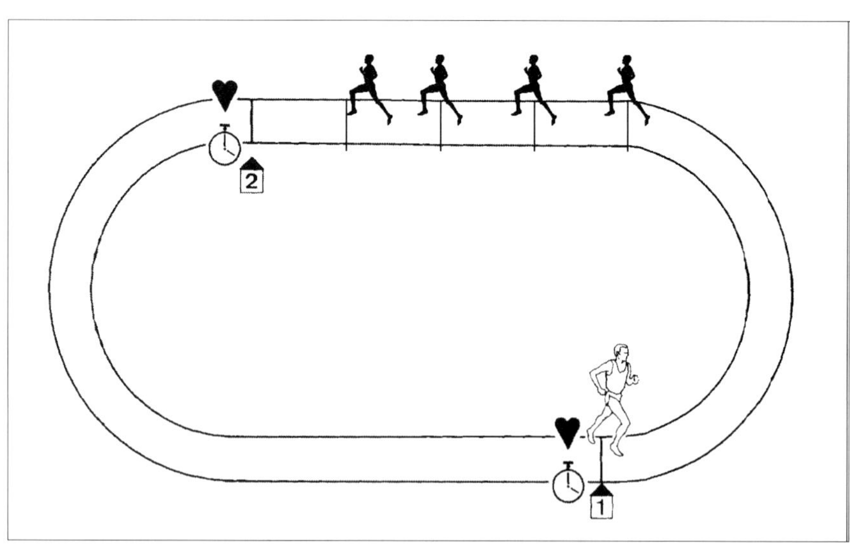

cesco Conconi praktiziert (und bekannt geworden durch den von ihm betreuten Stundenweltrekordler Francesco Moser).

Zeitbedarf Mit Vorbereitung, Aufwärmen usw. ca. 40 Minuten.

Durchführung Auf einer 400-Meter-Laufbahn werden alle 20 Meter Markierungen angebracht. Jeweils eine Testperson bezieht nach einer vorangegangenen Aufwärmphase an einer Markierung Position. Die Läufer müssen nach dem Ertönen eines Startsignales loslaufen und beim jeweils nächsten Signalton der Steuerungsanlage an der jeweils nächsten Markierung angelangt sein. Für 200 Meter wird die Anfangsgeschwindigkeit (7–9 km/h) konstant gehalten, danach alle 200 Meter um 0,5 km/h erhöht. Die Testpersonen müssen also immer schneller laufen, bis sie an ihrem individuellen Leistungsmaximum angelangt sind.

Zur Datenerfassung werden spezielle Herzfrequenz-Meßgeräte verwendet, um während des Laufens die Herzfrequenz zu speichern. Würden die Läufer anhalten und den Puls abtasten, würden zu tiefe Herzfrequenzen gemessen und somit der Test verfälscht. Die Daten werden nach dem Test in ein Auswertungsprogramm übertragen.

Auswertung Die beiden ermittelten Parameter (Laufgeschwindigkeit und Herzfrequenz) werden nun in ein Diagramm übertragen. Rufen wir uns nochmals die Energiekette in Erinnerung, dann wird klar, daß mit steigen-

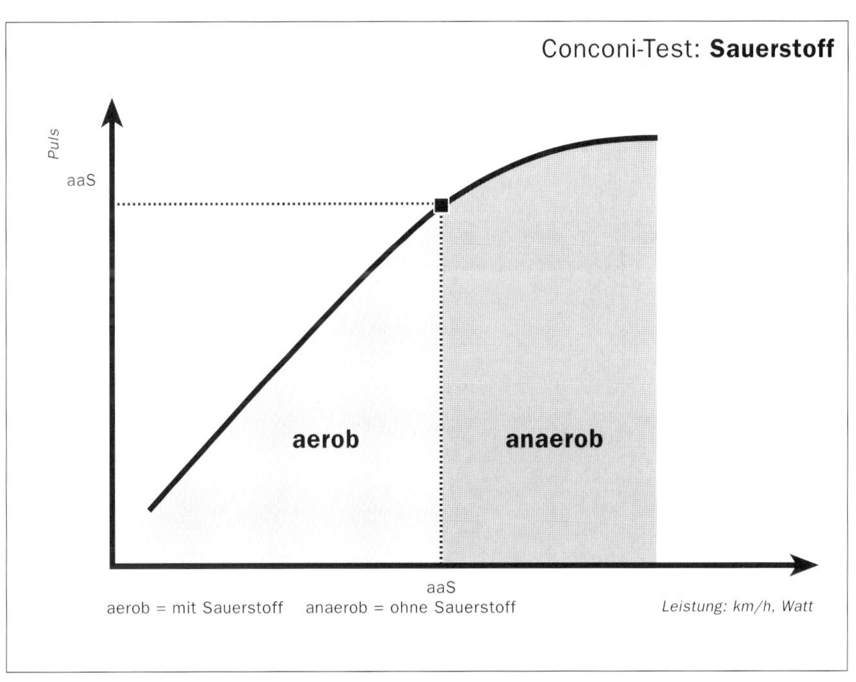

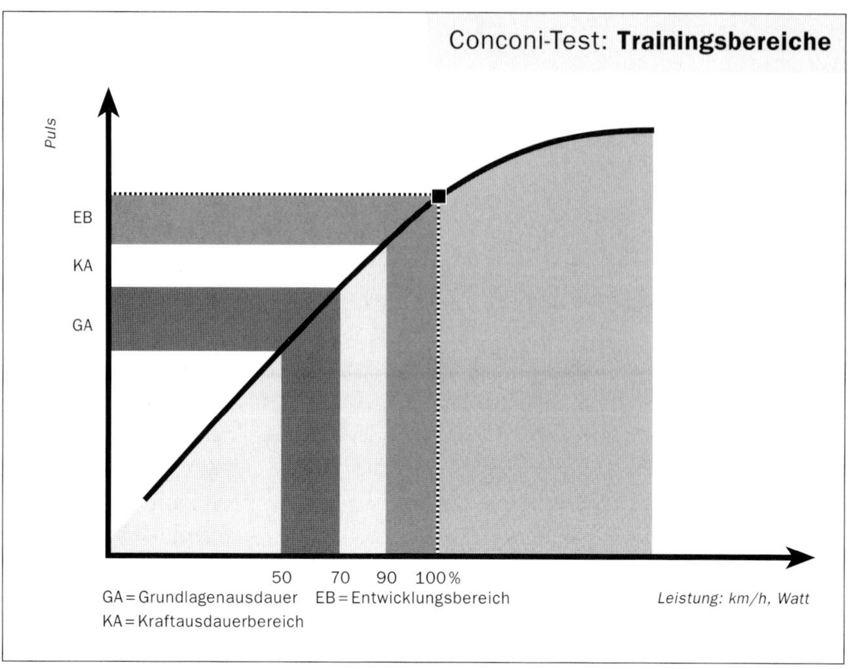

der Laufgeschwindigkeit die Herzfrequenz steigt.

Im unteren und mittleren Leistungsbereich verhält sich die Herzfrequenz linear zur geleisteten Arbeit. Die mehr oder weniger in einer Linie liegenden Punkte werden durch eine Gerade verbunden. Im oberen Leistungsbereich knickt die Linie aber von einer bestimmten Intensität an ab.

Nach Dr. Conconi stellt dieser Knick die **anaerobe Schwelle** dar. Der Leistungsbereich unterhalb dieses Punkts entspricht dem aeroben Leistungsvermögen des Probanden, der darüber der anaeroben Kapazität.

Die Leistung an der anaeroben Schwelle (und nicht die Maximalleistung!) wird als Referenzpunkt zur Definition der Trainingsbereiche mit 100 % gesetzt. Nun werden von diesem Referenzpunkt (anaerobe Schwelle) die Trainingsbereiche prozentual «heruntergerechnet».

Die Ableitung der Trainingsherzfrequenz, wie man sie in der Sportliteratur noch häufig findet (z. B. Grundlage bei 75–80 % des Schwellenwertes), ist nach unserer Erfahrung zu hoch.

Immer wieder hören wir von Sportlern, daß sie sich nach einer Trainingsperiode mit den ermittelten Werten eines Conconi-Tests ausgelaugt und schlapp fühlen; das Training wird als zu intensiv empfunden. Wir raten daher dringend, die Werte wie folgt zu berechnen:

Grundlagenausdauer (GA): 50–70 %
Kraftausdauer (KA): 70–90 %
Entwicklungsbereich (EB): 90–100 %
von der erbrachten Laufgeschwindigkeit an der Schwelle

Ich möchte an dieser Stelle nochmals auf die Problematik der Faustfomeln zurückkommen und Ihnen an einem Beispiel belegen, wie unsinnig diese sind. In der folgenden Tabelle sind die Daten von dreizehn Personen, die einen Lauf-Conconi absolvierten, den Berechnungen mit einer der gebräuchlichsten Faustformeln (220 minus Lebensalter = maximale Herzfrequenz) gegenübergestellt.

Von dreizehn Läufern stimmte nur bei zwei Teilnehmern (15 %) die theoretische maximale Herzfrequenz genau überein, bei weiteren fünf Läufern (38 %) war die Abweichung kleiner als zehn Schläge. Bei sechs Teilnehmern (46 %) war die Abweichung zehn oder mehr Schläge, die größte Abweichung lag bei 24 Schlägen. Interessant ist jedoch, daß bei diesen dreizehn Testpersonen die effektive Herzfrequenz gerade einmal 3,5 Schläge (1,8 %) höher war als bei der vorgegebenen Faustformel.

Für den einzelnen Sportler ist die Faustformel wenig geeignet, da sie nur einen rechnerischen Durchschnitt präsentiert. Die individuellen Abweichungen können zum Teil erheblich sein. Außerdem kann man Läuferinnen und Läufern nicht an der Nasen-

Name	Alter	Max. HF nach Formel	Max. HF effektiv	Differenz
BÜPA	27	193	**206**	**13**
DHJE	25	195	193	–2
ISRA	24	196	194	–2
JUMI	25	195	188	–7
LUSI	24	196	200	4
DELA	24	196	187	–9
OBRE	24	196	**186**	**–10**
SCPA	24	196	196	0
STJA	24	196	**206**	**10**
STJA	26	194	194	0
TADO	24	196	**211**	**15**
ZENI	27	193	**217**	**24**
ZIPI	27	193	**203**	**10**
Summen	325	2535	2581	
Durchschnitt	25	195	198.5	**3.5**

Quelle: LMT, D. Zwissig

spitze ansehen, ob sich ihr Kreislauf eher im statistisch üblichen Rahmen bewegt oder nicht.

Kosten Ein Lauf-Conconi kostet pro Person zwischen 30,– und 90,– DM/SFr, je nach Art der Ausführung, Auswertung und Interpretation. Im ungünstigsten Fall wird Ihnen einfach die Testauswertung ausgehändigt, und Sie sind mit der Interpretation auf sich allein gestellt. Leider kann nur ein Fachmann, dem zumindest die Basisdaten des Probanden zur Verfügung stehen, den Test fehlerfrei interpretieren. (Radsportler und Triathleten können diesen Test auch auf dem Radergometer durchführen.)

Vorteile Die Durchführung ist zwar nicht so einfach wie beim Smart-Test, jedoch hält sich der Aufwand in Grenzen. Man benötigt eine 400-Meter-Bahn, einige speicherbare Pulsuhren und eine Steuerungsanlage. Der Conconi-Test ist ideal für Gruppen, umgekehrt lohnt sich der Aufwand für Einzelpersonen kaum. Wer wann solche Tests bei Ihnen in der Nähe durchführt, erfahren Sie beim örtlichen Lauftreff oder Laufshop.

Anwendung Der Conconi-Test zielt primär darauf ab, die Grenze zwischen dem aeroben und anaeroben Stoffwechsel zu ermitteln. Er ist ein Test, der auf die Ermittlung der Maximalleistung ausgelegt ist. Somit kommt er für Gruppe 3 (Nichtsportler/Wiedereinsteiger) nicht in Frage, am ehesten noch für Gruppe 1 (Regelmäßige Jogger).

Die Ableitung, also das prozentuale Herunterrechnen der Trainingspulsfrequenzen, ist stark interpretationsbedürftig. Da weite Teile des Trainings nach der 3L-Methode im direkten Zusammenhang mit dem Fettstoffwechsel stehen, empfehle ich eher die nachfolgend beschriebene Testmethode für Einzelpersonen: Sie ist aufwendiger, aber genauer.

Der Laktatstufentest auf dem Laufband

Entstehung Der Stufentest/Laktatstufentest wurde 1956 in der ehemaligen DDR entwickelt. Es handelt sich um eine weiterführende und länger dauernde Testmethode als der Conconi-Test. Durch die Hinzunahme des Meßparameters Laktat (= Milchsäure) hat man im Spitzensport neue Impulse für eine präzisere Trainingssteuerung erhalten. Bedeutsam für Marathonläufer ist die Erkenntnis, daß wir durch die Messung der Laktatkonzentration im Blut noch genauer bestimmen können, bei welcher Herzfrequenz die Testperson auf welches Stoffwechselsystem zurückgreift.

Zeitbedarf Mit Vorbereitung, Aufwärmen usw. ca. 1 Stunde.

Durchführung Dieser Test wird am besten auf dem Laufband durchgeführt. Wie beim Conconi-Test wird bis zum Leistungsmaximum gelaufen. Die einzelnen Belastungsstufen sind jedoch länger (in der Regel zwei oder drei Minuten) und bleiben konstant, daher die Bezeichnung «Stufentest». Begonnen wird meist mit einem Tempo von 9 km/h. Nach zwei Minuten erhöht sich die Geschwindigkeit um 1 km/h, nach weiteren zwei Minu-

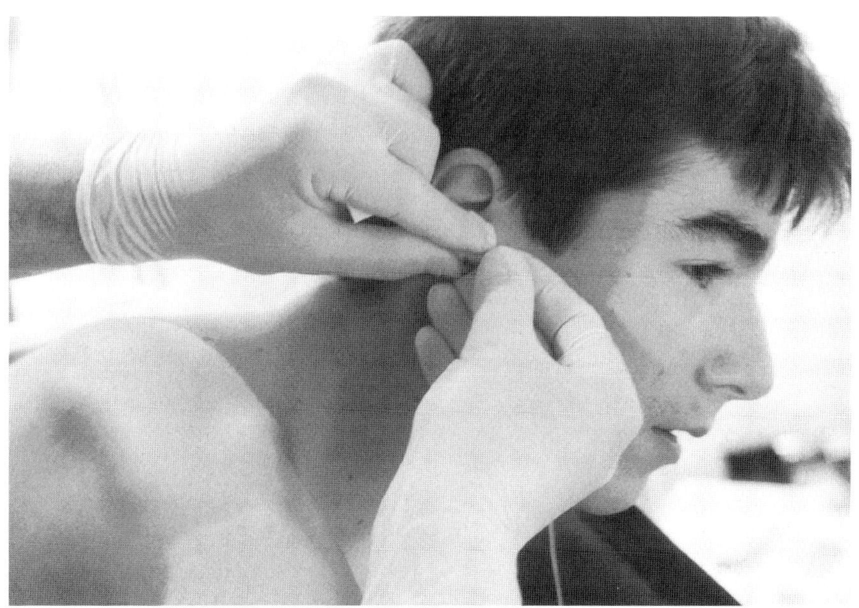

ten nochmals um 1 km/h usw. Zusätzlich zur Aufzeichnung der Herzfrequenz wird am Ende jeder Stufe ein Tropfen Blut aus dem Ohrläppchen entnommen und so die Laktatkonzentration im Blut ermittelt.

Exkurs Lakatmessung Üblicherweise werden die Blutproben in einem stationären Laktat-Analyser ausgewertet. Ein solches Laborgerät kostet zwischen 15 000,– und 30 000,– DM/SFr und bietet die notwendige meßtechnische Genauigkeit.

Seit fünf Jahren werden auch handliche, mobile Laktatmeßgeräte angeboten. Preislich liegen diese bei ca. 500,– DM/SFr. Mit ihnen wird ambitionierten Sportlern die Möglichkeit geboten, Laktatmessungen bzw. einen Laktatstufentest Marke «Do it yourself» selbst durchzuführen. Auch einzelne Fitneß-Center bieten Tests mit diesen Geräten an. Dies liegt nahe, da dort bereits Laufband bzw. Radergometer vorhanden ist.

Die Genauigkeit der mobilen Geräte im Vergleich zu den technisch hocheffizienten Laborgeräten ist weitaus geringer. Um wenigstens eine teilweise meßtechnische Standardisierung zu erlangen, empfehlen wir, die Blutproben aus dem Ohr mit Kapillaren zu entnehmen und mit einem Applikator auf die Teststreifen zu übertragen.

Auswertung Die Werte werden in ein Diagramm übertragen. Statt sie von einem einzigen Referenzpunkt (z. B. anaerobe Schwelle) aus zurückzurechnen, werden die verschiedenen Trainingsbereiche anhand mehrerer Laktatwerte bestimmt.

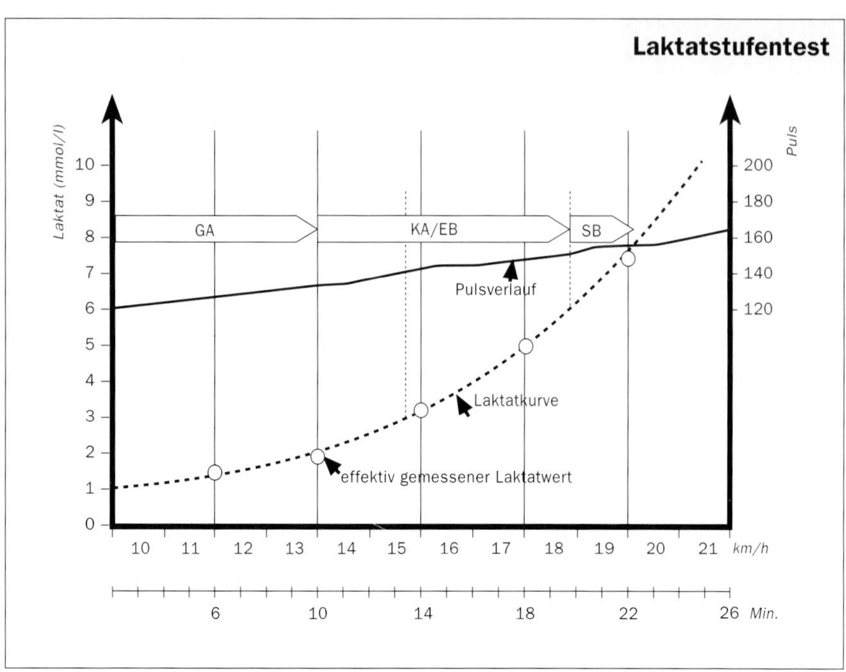

Kosten Ein Laktatstufentest kostet je nach Ausführung zwischen 150,– und 280,– DM/SFr.

Vorteile Der größte Vorteil dieses Testverfahrens ist sicher seine hohe Genauigkeit. Durch die Laktatmessungen können die Pulswerte für alle Trainingsbereiche (GA, KA, EB und SB) recht präzise bestimmt werden; sie werden nicht – wie beim Conconi-Test – prozentual abgeleitet.

Weitere Meßparameter

Der Vollständigkeit halber sei erwähnt, daß der Stufentest oft auch mit weiteren Meßparametern durchgeführt wird.

Spiroergometrie (auch Gasaustauschanalyse) Die Testperson wird zusätzlich mit einer Maske ausgestattet, die Nase und Mund abdeckt. Die Meßfühler registrieren die Menge von ausgeatmetem Kohlendioxid und aufgenommenem Sauerstoff. Diese beiden Werte werden ins Verhältnis zueinander gesetzt, man erhält auf diese Weise den sogenannten Respiratorischen Quotienten (RQ), der weitergehende Informationen über die anaerobe Schwelle liefern soll.

EKG Während des gesamten Testverlaufs wird ein Elektrokardiogramm aufgezeichnet. Mit diesem Belastungs-EKG erhält man Aufschlüsse über das Verhalten der Herzfunktionen unter Belastung. Dies ist für den Anfänger und Wiedereinsteiger unbedingt notwendig.

Anwendung Der Laktatstufentest bietet eine hohe Analysegenauigkeit bei noch vertretbarem Aufwand. Allerdings müssen Sie den Test bei einem der professionellen Anbieter für Leistungsdiagnostik vornehmen lassen.

Ich empfehle Ihnen die Anwendung wie folgt:

Gruppe 1: Regelmäßige Jogger
Sie sollten direkt einen Stufentest absolvieren und Ihr Training nach den ermittelten Pulswerten steuern. Wird in Ihrer Nähe ein Lauf-Conconi angeboten, dann nutzen Sie die Gelegenheit, und achten Sie auf die korrekte Auswertung des Tests.

Gruppe 2: Freizeitsportler/ Laufanfänger
und
Gruppe 3: Nichtsportler/ Wiedereinsteiger
Um direkt mit dem Laufen beginnen zu können, führen Sie selbständig in regelmäßigen Abständen (siehe Trainingsplanung) den Smart-Test durch. Nach fünf bis sechs Monaten (und später noch ein- oder zweimal) melden Sie sich zu einem Laktatstufentest an.

Kernaussagen

1. Jedes Herz-Kreislauf-System ist individuell wie ein Fingerabdruck.
2. Für ein effektives Marathontraining ist ein individueller Check-up erforderlich.
3. Dieser sollte aus einem Gesundheitsstatus und einer sportmedizinischen Leistungsdiagnose bestehen.
4. Das 3L-Training hat positive Auswirkungen auf Herz und Kreislauf, Körper und Psyche.
5. Die Auswertung muß Ihre Pulswerte zur Trainingssteuerung enthalten.

Mit den für Sie ermittelten Pulswerten können Sie nun Ihr Marathontraining effektiv und zeitsparend gestalten.

Steuerung von Intensität und Geschwindigkeit

Hier gibt es keine Diskussion: Ohne Pulsmesser geht's nicht!
Wie schon im Kapitel *Check-up* erwähnt, gibt es Befürworter und Kritiker des pulsmessergesteuerten Trainings. Aber ein gezieltes Training, bei dem aus der investierten Zeit ein Optimum an Effektivität herausgeholt wird, ist nur mit diesem technischen Hilfsmittel möglich. Lassen Sie sich nicht von Läufern verwirren, die auch ohne Pulsmesser schneller sind als Sie. Denn es geht um die Entfaltung Ihres Leistungsoptimums. Und Sie können sicher sein, daß ein Läufer, der nach Gefühl trainiert, nur zufällig sein volles Leistungsvermögen entfalten wird.
Also: im Training und im Marathon – immer mit Pulsmesser!
Die von uns betreuten Sportler nutzen den Pulsmesser, um ihr Training in verschiedenen Bereichen auszudifferenzieren. Gerade darüber erzielen Hobbyläufer den größten Leistungszuwachs. Wer tagaus, tagein immer dieselbe Runde im selben Trott abspult, wird nach kurzer Zeit kaum mehr Steigerungen erleben. Auch wer aus den verschiedenen Trainingsbereichen (GA/KA/EB) seine eigene Mixtur kombiniert, setzt seinem Körper kaum konkrete Trainingsreize.
Merke: Trainingseinheiten und Intensitäten niemals mischen!
Entweder zielt Training auf die Grundlage oder die Kraftausdauer, aber nicht auf beides.

Liste der Abkürzungen

3L Unsere wichtigste Trainingsmethode: locker, leicht und lang
aAS anaerobe Schwelle: Übergang von ausreichender Sauerstoffversorgung zu einer Stoffwechsellage, in der die Sauerstoffaufnahme-Kapazität der Muskulatur erschöpft ist.
GA Grundlagenausdauer
KA Kraftausdauer
EB Entwicklungsbereich
SB Spitzenbereich

Lga Lauftraining im Grundlagenbereich
Lka Lauftraining zur Steigerung der Kraftausdauer

Leb Lauftraining im Entwicklungsbereich (Tempotraining)

Vga Velo/Radfahren zur Bildung der Grundlagenausdauer

Reg Regenerationswoche

Zunächst aber noch einige Bemerkungen zu unserem ständigen Trainingsbegleiter, dem Pulsmesser.

Der Pulsmesser

Es gibt eine Vielzahl von Pulsmeßgeräten. Die Funktionsweise ist immer die gleiche:

Das Gerät besteht aus einem Brustgurt mit integriertem Sender und einer Uhr mit dem dazugehörigen Empfänger. Der Gurt wird knapp unterhalb der Brust um den Oberkörper gelegt. Über zwei Elektroden wird der elektrische Herzimpuls erfaßt und drahtlos an die Uhr übermittelt. Die jeweils aktuelle Herzfrequenz wird im Display der Uhr angezeigt.

Warnsignal für Ober- und Untergrenze Damit Sie nicht ständig auf die Uhr schauen müssen, sind die meisten Modelle mit einem akustischen Warnsignal ausgestattet. Sie können die Ober- und Untergrenze Ihres Zielpulsbereiches einstellen und werden durch einen Piepston gewarnt, wenn Sie den angestrebten Pulsbereich verlassen.

Pulsuhren mit Speicher Es werden auch Modelle angeboten, bei denen die ermittelten Werte im Verlauf einer Trainingseinheit gespeichert werden. Die Daten können dann per Interface in einen PC geladen und als Grafik ausgedruckt bzw. weiter ausgewertet

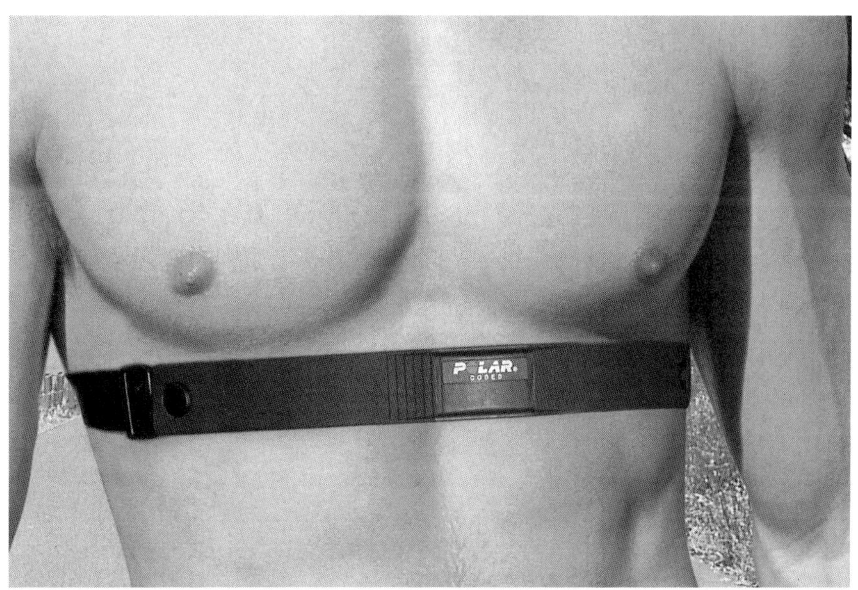

werden. Es mag interessant sein, die eigene Pulskurve anzuschauen. Es ist jedoch nicht notwendig, sich eingehend damit zu beschäftigen, um ein Marathon-Finisher zu werden. Die Zeit zur Fütterung des Computers mit immer neuen Werten (samt akribischer Datenanalyse) ist besser in Training angelegt.

Tips zum Gebrauch Das drahtlose Übertragungsprinzip ist zum Teil störanfällig und führt zu Fehl- oder Falschmeldungen bei Hochspannungsleitungen, Bahnschienen und auch in der Gruppe, wenn mehrere Läufer mit Pulsmessern eng zusammen laufen. (Technisch fortgeschrittene Modelle vermeiden diesen unerwünschten Effekt durch codierte Sender.)

Die Fehlansagen sind meist leicht zu erkennen, vor allem wenn unsinnige Werte wie 228 oder 00 angezeigt werden.

Der Brustgurt sollte recht stramm sitzen, so daß er nicht bei jedem Schritt rutscht, aber auch nicht so eng, daß Sie Beklemmungsgefühle bekommen. Feuchten Sie die Flächen der beiden geriffelten Elektroden auf der Innenseite des Gurtes mit etwas Wasser oder Speichel an, um gleich zu Beginn des Trainings einen präzisen Kontakt von Sender und Empfänger herzustellen.

Trainingsprogramme

Wie sieht nun das Training in den verschiedenen Bereichen aus? Was müssen Sie tun, um Grundlage, Kraftausdauer oder Geschwindigkeit zu trainieren? Was sollten Sie beachten?

Das 3L-Training (Grundlagenausdauer)

Gerade am Anfang ist Ihre Leistungsfähigkeit im Grundlagenbereich noch nicht sehr ausgeprägt, und die Geschwindigkeiten, die Sie laufend oder radelnd draufhaben, sind so niedrig, daß Sie das Gefühl haben, förmlich zu «stehen».

Vermutlich kommen Ihnen rasch Zweifel, ob ein solch langsames Training überhaupt effektiv sein kann und zu einer Leistungssteigerung führt. Seien Sie beruhigt – das tut es: langsam, aber sicher! Sollte Sie nach dem Training das schlechte Gewissen plagen, nicht sonderlich viel geleistet zu haben – warten Sie ab!

Von klein auf wurde uns eingeschärft, daß wir uns anstrengen müssen, um etwas zu erreichen. Aber mit dem vernünftigen und gesunden Aufbau Ihres Grundlagenfundaments hat das wenig zu tun. Viele mehr oder weniger sinnige Sprüche («von nichts kommt nichts», «ohne Fleiß kein Preis» etc.) suggerieren, eine sportlich beachtliche Leistung wie einen Marathon nur «im Schweiße unseres Angesichts», mit Qual und Tortur erreichen zu können.

Sie müssen sich die Grundlagenausdauer wie das Fundament eines stabilen Hauses vorstellen, das Stein für Stein errichtet werden muß:

Jede absolvierte Grundlageneinheit ist ein Stein auf Ihrem Fundament. Ihre **Werkzeuge** zum Aufbau einer stabilen Grundlagenausdauer sind:

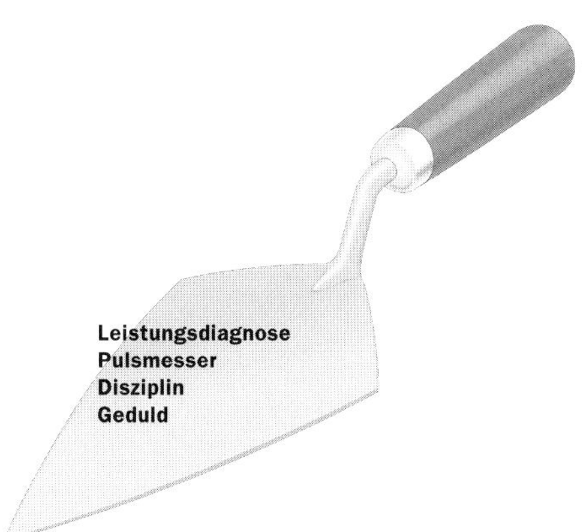

Je stabiler das Fundament, um so sicherer steht Ihr «Haus». Mit einer soliden Grundlage kommen Sie ohne Probleme über die Marathondistanz.

Beherzigen Sie die folgenden Ratschläge zum 3L-Training:

1. Machen Sie sich frei vom Leistungsgedanken, achten Sie nicht auf Ihren Kilometerschnitt beim Laufen. Auch die zurückgelegte Strecke ist unwichtig. Es geht darum, Ihren «Motor» über eine festgelegte Zeitdauer konstant in einem festen «Drehzahlbereich» auf Touren zu halten.
2. Die anzustrebende Geschwindigkeit bezeichne ich als «Oma-Tempo», da ich bei meinem Grundlagentraining so langsam unterwegs bin, daß im Prinzip jedes Familienmitglied mithalten kann.
3. Lassen Sie sich nicht von anderen, schnelleren Läufern verleiten, aus Ihrem Pulsbereich auszubrechen. Sie wollen beim Marathon schnell sein – und nicht im Training.
4. Effektives 3L-Training läßt sich am besten allein absolvieren, da man so seine «Drehzahl» am genauesten steuern kann. Den Marathon müssen Sie auch allein laufen – Sie müssen sich auch über die ganze Länge der 42 Kilometer ertragen können. Auch dies sollten Sie in langen Trainingsläufen üben. Läufer mit etwa gleichem Potential können sich aber durchaus zu einer Trainingsgruppe zusammenfinden.
5. Wenn Sie alles richtig gemacht haben, sollten Sie nach dem Trai-

ning das Gefühl haben, überhaupt nicht belastet zu sein und noch mal die gleiche Distanz laufen zu können. Fühlen Sie sich jedoch müde und ausgelaugt, dann war die Intensität zu hoch.

6. Tasten Sie sich langsam an längere Einheiten von eineinhalb bis drei Stunden heran. Genaue Angaben zum geeigneten Aufbau finden Sie im Kapitel *Trainingsplanung*.
7. Daß 3L-Training nur im flachen Gelände möglich ist, liegt in der Natur der Sache. Suchen Sie sich möglichst ebene Strecken aus, da Ihnen bei den geringsten Steigungen der Puls «davonläuft».
8. Manchmal mag es Ihnen recht langweilig vorkommen, in kleinen Schritten an Ihrer Grundlagenausdauer zu «basteln». Nutzen Sie die Gelegenheit und genießen Sie die Natur, lassen Sie Ihren Gedanken freien Lauf. Laufen ist manchmal wie Träumen und Schweben – eine wunderbare Gelegenheit, über neue Ziele und Herausforderungen in Beruf, Familie und Freizeit nachzudenken.
9. Für gestandene Läufer (Gruppe 1) besteht die Gefahr, in die alte Trainingsgestaltung zurückzufallen. Für sie ist es am schwierigsten, sich mit dem 3L-Training anzufreunden, da sie das Gefühl haben, wieder ganz von vorn anfangen zu müssen. Glauben Sie mir: Mit dem 3L-Training präsentiere ich Ihnen eine der wenigen Ausnahmen im Leben, wo weniger mehr ist.
10. Versuchen Sie, möglichst den mittleren Bereich anzustreben (in meinem Beispiel – 3L-Bereich 110–130 – wären dies ca. 120 Pulsschläge pro Minute). Eine Trainingseinheit, bei der permanent an der oberen Grenze oder knapp darüber trainiert wird, ist unter Umständen bereits ein verstecktes Kraftausdauertraining. Machen Sie sich bei der Orientierung zwischen Pulsbereichen und Schwellenwerten frei von der Vorstellung, diese müßten mit mathematischer Exaktheit definiert sein. Unser Körper funktioniert nicht so. Die Werte müssen eher als Übergangsbereiche verstanden werden.
11. Der Anteil des 3L-Trainings am gesamten Trainingsvolumen sollte im Jahresdurchschnitt etwa 70 % betragen. Es geht ja als Marathonneuling primär darum, die Distanz überhaupt zu bewältigen – und das gesund und ohne körperliche Probleme. Die Dauer der Trainingseinheiten liegt zwischen 1,5 und 2 Stunden, selten auch bei 3 Stunden.

Die folgenden Trainingsprogramme stellen nochmals die wichtigsten Details des 3L-Trainings dar:

Trainingsprogramm Laufen

Grundlagenausdauer / 3L-Training (Lga)

Bezeichnung:	Lga
Anwendung:	Basistraining Ziel: Ökonomisierung der Herz-Kreislauf-Tätigkeit bei gleichzeitiger Leistungssteigerung Anpassung an lange Distanzen
Intensität:	Gemäß Test = ________________ Pulsschläge/min.
Gelände:	flach
Art:	Dauerleistung
Programm:	
	<u>1. Teil (Hauptteil)</u> Zeit gemäß Vorgabe (Laufstil sehr locker) Landschaft genießen <u>2. Teil</u> 10 Minuten Minimal-Stretch (siehe Regeneration)
Betonung:	lockeres «Oma-Tempo» lang und langweilig…

Das Kraftausdauer-Training

Beim Kraftausdauertraining zielen wir nicht primär auf das Herz-Kreislauf-System, sondern auf die Arbeitsmuskulatur. Die Einheiten sind kürzer, aber dafür intensiver. Hier sollte sich nach dem Training schon das Gefühl einer mäßigen muskulären Anstrengung einstellen. Um die Muskulatur gezielt zu fordern, empfiehlt sich hügeliges bis bergiges Gelände. Nach einer Aufwärmphase im GA-Bereich folgt der intensivere Teil mit wechselnder Belastung an den Anstiegen. Bis zum Kulminationspunkt eines Anstieges wird der Puls bis zur Obergrenze des Kraftausdauerbereiches hochgetrieben. Die Betonung liegt nicht auf der Geschwindigkeit, sondern der muskulären Anstrengung. Dieser Effekt wird durch bewußt kräftigen Fußabdruck forciert. Die Bergabpartien werden zur kurzfristigen Erholung genutzt, der Puls geht dann wieder deutlich in den GA-Bereich zurück. Nach dem Hauptteil folgt eine Cool-Down-Phase im GA-Bereich, gefolgt vom Minimal-Stretch.

Der Anteil des KA-Trainings am gesamten Trainingsaufwand beträgt etwa 20 %. Die Dauer für den Intensitätsteil pro Einheit liegt zwischen 40 und 80 Minuten.

Hier noch einmal zusammengefaßt die wichtigsten Details des Kraftausdauer-Trainings beim Laufen:

Trainingsprogramm Laufen

Kraftausdauertraining im hügeligen Gelände (Lka)

Bezeichnung:	Lka
Anwendung:	Stärkung der spezifischen Laufmuskulatur
Intensität:	Gemäß Test = ______________________ Pulsschläge/min.
Gelände:	Kupiert, wechselnde kurze Anstiege Steigungen so, daß Joggen noch möglich ist
Art:	Dauerleistung mit Intensitätswechsel
Programm:	<u>1. Teil</u> 20 min. Aufwärmen (Lga), flach, betont locker <u>2. Teil (Hauptteil)</u> 0:40 bis 1:20 Std. gemäß Zeitvorgabe, betont kräftiger Schritt an den Bergkuppen die letzten zwei Minuten bis ans KA-Limit, bergab locker <u>3. Teil</u> 15 min. Auslaufen (Lga), flach, regenerativ <u>4. Teil</u> 10 min. Minimal-Stretch
Betonung:	Kräftiger Schritt am Berg Erholung bergab

Das Kraftausdauertraining wird nur laufend ausgeübt, da speziell die elementare Laufmuskulatur trainiert werden soll.

Das Geschwindigkeitstraining / Entwicklungsbereich

Das Training im Entwicklungsbereich dient primär der «Entwicklung» der Geschwindigkeit und dem Stehvermögen. Bei dieser Trainingsform geht es effektiv um Leistung. Die Dauer pro Trainingseinheit ist sehr kurz, das Training wird in der Regel in Intervallen durchgeführt. Einer ausgiebigen Aufwärmphase (20 Minuten) folgt ein Intervalltraining. Die Geschwindigkeit wird gesteigert, bis der Puls knapp unterhalb der anaeroben Schwelle (aaS) angelangt ist. Diese Intensität wird für die Dauer des Intervalls (ca. 3–4 Minuten) beibehalten. Mit einiger Erfahrung kann auch der Pulsbereich knapp über der aaS hinzugenommen werden – ein Auf und Ab um die anaerobe Schwelle herum. Nach dem Intervall erfolgt eine Erholungsphase von ca. 4 Minuten, diese wird gehend zurückgelegt. Danach folgt das nächste Intervall, bis die gewünschte Anzahl erreicht ist. Das Cooldown beenden wir mit Auslaufen im GA-Bereich.

Das Gelände sollte flach sein, am besten eignet sich die 400-Meter-Bahn. Der Anteil des EB-Trainings am gesamten Trainingsaufwand beträgt etwa 10 %. Es wird erst in den Trainingsplan integriert, wenn eine stabile Grundlage erreicht worden ist.

Die Details des EB-Trainings:

Trainingsprogramm Laufen

EB-Training flach (Leb)

Bezeichnung:	Leb
Anwendung:	Steigerung der Geschwindigkeit
Intensität:	Gemäß Test = ____________ Pulsschläge/min.
Gelände:	eine lange, flache, hindernisfreie Strecke evtl. auch auf der 400-Meter-Bahn
Art:	Intervalltraining
Programm:	1. Teil 20 min. Aufwärmen (Lga), flach 2. Teil (Hauptteil) 3- bis 6mal 3–4 Minuten dazwischen Gehpausen (4 Minuten) Wiederholungen langsam steigern! 3. Teil 20 min. Auslaufen (Lga), flach, regenerativ 4. Teil 10 min. Minimal-Stretch

Das Lauf-Abc

Dieses Zusatzprogramm ist eine kleine Laufschule; sie dient dazu, Ihren Laufstil effektiver zu gestalten. Ich empfehle Ihnen, das Lauf-ABC gelegentlich in Ihre Lka-Einheiten mit einzubauen, allerdings erst, wenn Sie über eine einigermaßen stabile Grundlage verfügen.

Die Details des Lauf-Abc

Bezeichnung:	(Lka) + abc
Anwendung:	zu den KA-Einheiten
Intensität:	vom GA in den EB wechselnd die saubere Ausführung der Übungen steht im Vordergrund
Gelände:	eine lange, flache, hindernisfreie Strecke evtl. auch auf der 400-Meter-Bahn
Programm:	<u>1. Teil</u> 20 min. Aufwärmen (Lga), flach <u>2. Teil</u> kleines Lauf-ABC <u>3. Teil</u> Hauptteil des KA-Trainings <u>4. Teil</u> 15 min. Auslaufen (Lga), flach, regenerativ <u>5. Teil</u> 10 min. Minimal-Stretch

Kleines Lauf-Abc

Gelegentlich Lka- und Leb-Einheit vor dem Intensivteil einbauen, nur aufgewärmt (min. Lga 0:15 Std.) durchführen!

Übung 1
Kniehebelauf

Aus dem lockeren Trab heraus wird das vordere Bein in der Hüfte gebeugt und das Knie nach vorn-oben gebracht. Das Standbein bleibt gestreckt, der Armeinsatz wird betont.
(2 x 20m)

Übung 2
Anfersen

Aus dem lockeren Trab werden die Fersen an das Gesäß gebracht.
(2 x 20m)

Übung 3
Knie-Ellbogen-Lauf

Aus dem Stand werden die Beine und die Arme gegengleich wechselnd genähert; die Bewegung findet in den Extremitätengelenken statt, das Becken bleibt während der Bewegung ruhig und kippt nicht.
(12 x Seite)

Übung 4
Überkreuzlauf

Im Seitwärtslaufen werden Oberkörper und Becken kontrolliert gegeneinander verdreht.
(20 m wechselnd)

Übung 5
Seitwärtslaufen

Sie laufen seitwärts und spreizen das hintere Bein bewußt weit nach außen ab, die Ferse führt die Abspreizbewegung.
(je Seite 20 m)

Übung 6
Rückwärtslaufen

Laufen Sie locker rückwärts, achten Sie auf ein gleichmäßiges Tempo und einen symmetrischen, harmonischen Laufstil.
(1 x 20 m)

Das Cross-Training

Bei dieser Trainingsform geht es nicht um Crosslauf, d. h. um Laufen im Gelände über Stock und Stein, sondern um das geschickte Nutzen anderer Sportarten im Sinne einer ganzkörperlichen Fitneß.

Radfahren

Es ist kein Muß, aber es ist durchaus sinnvoll, einen Teil des Grundlagentrainings mit dem Fahrrad zu machen. Weil es die Gelenke schont, kann man bereits sehr früh längere GA-Einheiten absolvieren, denn bei 1–2 Stunden auf dem Rad im flachen Gelände tut einem schlimmstenfalls der Hintern etwas weh. Aber untrainiert ein oder zwei Stunden zu joggen versuchen, sollte man tunlichst lassen. Auch Kombinationen aus Laufen und Radfahren bieten sich an, wenn lange Fettstoffwechsel-Einheiten auf dem Programm stehen. Sie benötigen dafür absolut kein Rennrad. Ob Mountainbike, City-Bike, Rennrad oder Hollandrad, ob rostig oder neu – gefragt sind zwei Räder und zwei Pedale zum Treten. Nur eines sollten Sie beherzigen: Bitte fahren Sie nie ohne Helm!

Bei Kombinationstrainings setzen Sie sich nach einer Laufeinheit direkt auf Ihr Rad und drehen noch eine Runde:

Lga 1:30 + Vga 1:30 = Laufen mit Grundlagenpuls 90 Minuten, gefolgt von 90 Minuten Radfahren im selben Pulsbereich. An kälteren Tagen tauschen wir die beiden Trainingsblöcke, da wir, vom Laufen verschwitzt, auf dem Rad auskühlen würden. Der Radteil kann selbstverständlich auch daheim oder im Fitneß-Center auf dem Radergometer absolviert werden.

Schwimmen

Die Bewegung im Wasser ist ebenfalls eine geeignete Form des Ausgleichstrainings. Jedoch sollten Sie das Brustschwimmen meiden, da es sich eher ungünstig auf Knie-, Hüftgelenke und Rücken auswirkt. Ein ausdauerorientiertes Rücken- oder Crawlschwimmen ist jedoch sehr geeignet, um der auf Dauer einseitigen Belastung durch das Lauftraining entgegenzuwirken und gleich noch einen Trainingseffekt «mitzunehmen».

Aqua-Jogging/Aqua-Fit

Dieses Training wird ebenfalls im nassen Element durchgeführt. Es ist ein umfassendes Bewegungstraining, bei dem Wassergymnastik mit Ausdauertraining kombiniert wird. Mit Aqua-Fit können Kraft, Beweglichkeit, Koordination und Ausdauer trainiert werden. Um die aufrechte Körperhaltung des Laufens im Wasser zu simulieren, benutzt man eine spezielle Weste. Sie sorgt für den nötigen Auftrieb im Wasser; auf diese Weise wird der Stütz- und Bewegungsapparat entlastet und die Muskulatur gelockert. Das Aqua-Jogging ist besonders geeignet

- als gelenkschonender Ausgleich zum Laufen
- zur Kräftigung der gesamten Muskulatur

- zum gezielten Training von Koordination und Beweglichkeit und
- zur Regeneration nach Verletzungen.

Informationen über Aqua-Jogging erhalten Sie in kompetenten Lauf-Shops (Adressen im Service-Teil).

Soweit die Programme zu den einzelnen Trainingsbereichen. Wie können wir nun während des Trainings kontrollieren, ob das Training auch die gewünschten Resultate hat?

Trainings- und Erfolgskontrolle

Ob das Training wirklich zum Erfolg führt, wissen Sie spätestens dann, wenn Sie die Ziellinie überquert haben. Es ist aber nicht nur aus trainingsmethodischer Sicht sinnvoll, eine gewisse Erfolgskontrolle während des Trainings durchzuführen, sondern auch motivierend. Dazu stehen uns mehrere Möglichkeiten zur Verfügung:

Ruhepuls (Selbstkontrolle)

Im Kapitel *Check-up* habe ich als eine der Auswirkungen des 3L-Trainings die mögliche Senkung des Ruhepulses genannt. Sollte nach mehreren Monaten regelmäßigen Trainings bei Ihnen dieser Effekt eintreten (weniger Herzschläge pro Minute im Ruhezustand), dann haben Sie die Bestätigung, daß Ihr Training u. a. zu einer Ökonomisierung des Herz-Kreislauf-Systems geführt hat. Hier gilt allerdings zu beachten:

1. Diese Selbstkontrolle erfordert die *tägliche* Erfassung und Protokollierung des morgendlichen Ruhepulses, denn nur so läßt sich ein langfristiger Trend feststellen.
2. Man muß etwas Geduld mitbringen, da die Anpassung mehrere Monate dauert. Bei mir ging der Ruhepuls nach 15 (!) Monaten 3L-Training von Ø 68 auf Ø 55 Schläge pro Minute zurück. Auch setzt sich dieses «Spiel» nicht beliebig nach unten fort. Wenn man ein bestimmtes Plateau erreicht hat, wird sich der Ruhepuls dort einpendeln.
3. Verfügen Sie bereits über eine ausgeprägte Grundlagenausdauer (entweder durch eine günstige genetische Veranlagung bedingt oder ganz nebenbei z. B. durch lange Wanderungen angeeignet), dann kann es sein, daß keine oder nur eine geringfügige Veränderung eintritt.

Eine bessere Möglichkeit, sein aktuelles Leistungspotential zu überprüfen, ist ein standardisierter Lauftest, den Sie in regelmäßigen Abständen selber durchführen.

Standard-Selbsttest Laufen

Sinn und Zweck:	Bei richtig angewandtem Grundlagentraining tritt eine Verbesserung der Leistungsfähigkeit des Herz-Kreislauf-Systems ein. Um diese zu überwachen und den Zeitpunkt für eine neue Leistungsdiagnose zu definieren, wird monatlich ein Selbsttest durchgeführt.

Strecke: Wählen Sie eine flache Laufstrecke, ohne Störeinflüsse von ca. fünf Kilometern Länge.
Es ist wichtig, daß Sie immer die exakt gleiche Strecke nehmen!

Intensität: Nach zweiminütigem Aufwärmen (untere Pulsgrenze GA) laufen Sie die gesamte Strecke mit Ihrem mittleren Grundlagenpuls (maximale Abweichung 5 Schläge nach unten).
Mein Beispiel: GA-Puls 110–130, d. h. Testbereich 115–120

Leistungsdaten: Notieren Sie hier die benötigte Zeit für Ihre Teststrecke.

Datum				
Zeit				
Bemerkung				

Auswertung: Sie sollten immer weniger Zeit brauchen, um die Strecke mit gleicher «Drehzahl» zu bewältigen. Bei einer Veränderung von mehr als +/– 1:30 Minuten ist eine Neudefinition der Trainingspulswerte durch einen Test ratsam.

Conconi-Test
Natürlich erhalten Sie auch durch die leistungsdiagnostischen Verfahren Aufschluß darüber, ob sich Ihr Potential verbessert hat.

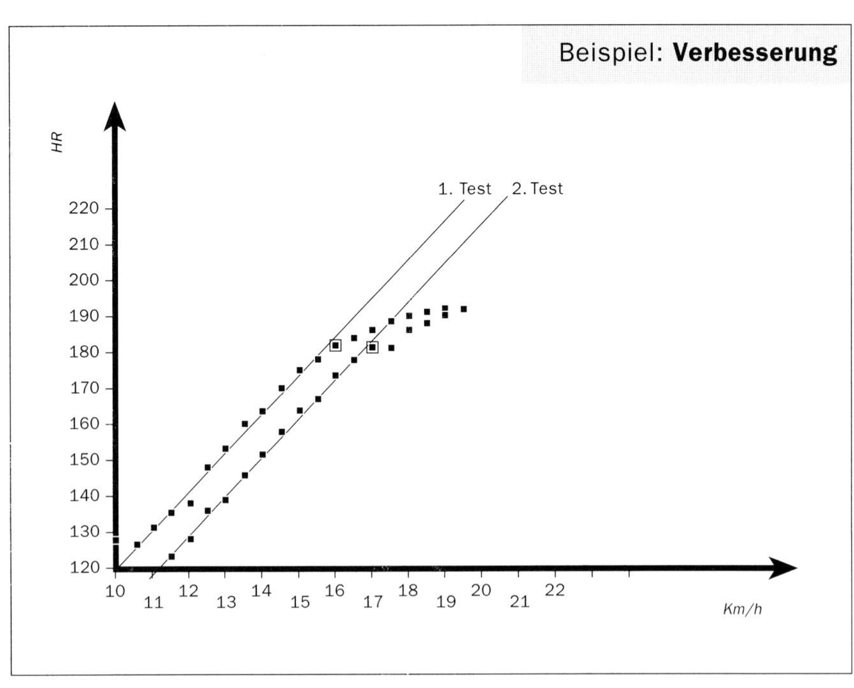

Beispiel: Verbesserung
In diese Grafik sind die Kurvenverläufe zweier Conconi-Tests eingezeichnet. Im zweiten (späteren) Test wurde eine höhere Endgeschwindigkeit erzielt und die Leistung in allen Geschwindigkeitsbereichen mit weniger Pulsschlägen pro Minute erbracht. Das bedeutet nichts anderes, als daß Ihr «Motor» nicht so hoch «drehen» muß und sich dadurch auch weniger «abnutzt». Die aktuelle Leistungsfähigkeit ist also besser als beim ersten Test.

Beispiel: aerobe Verbesserung
In diesem Beispiel hat sich die Kurve des zweiten (späteren) Tests nicht parallel nach rechts verschoben, sondern verläuft steiler. Im unteren Bereich (langsamere Geschwindigkeiten) wird die Leistung mit weniger Pulsschlägen erbracht. Im oberen Bereich knickt die Kurve jedoch früher ab, die alte Endgeschwindigkeit wird nicht mehr erreicht. Dies ist ein recht typisches Bild für einen Hobbyläufer, der in der Trainingsperiode zwischen den beiden Tests ganz gezielt und ausschließlich nach der 3L-Methode trainiert hat.

Die zu diesem Zeitpunkt fehlende Endgeschwindigkeit kann durch ein paar gezielte Trainingseinheiten im Kraftausdauer- und Entwicklungsbereich später wieder erlangt werden.

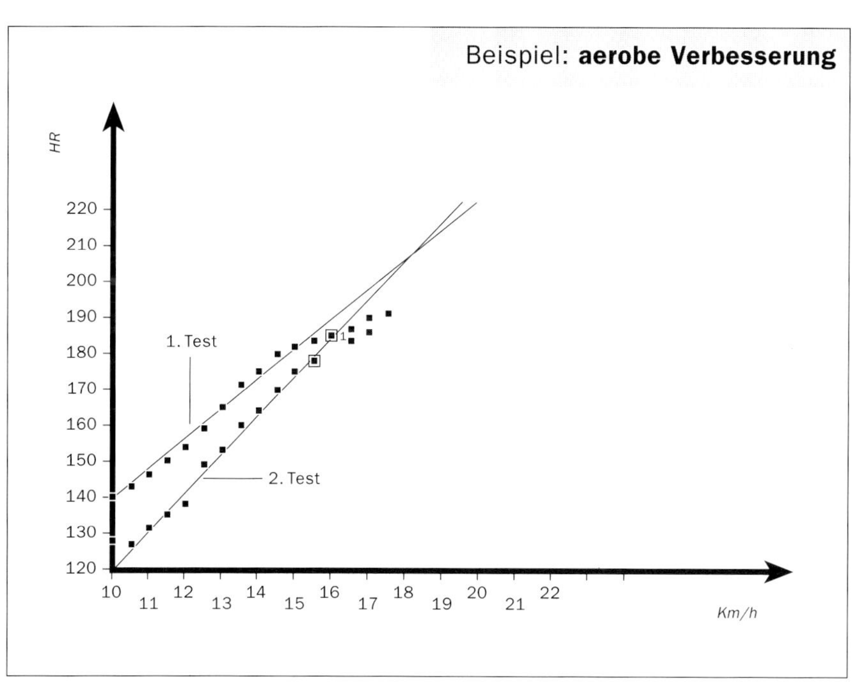

Natürlich ist auch eine Verschlechterung des Trainingszustandes möglich. In einem solchen Fall wird beim zweiten Test eine geringere Endgeschwindigkeit erzielt, und die Leistungen werden in allen Geschwindigkeitsbereichen mit mehr Pulsschlägen pro Minute erbracht.

Die Leistungsfähigkeit hat sich also gegenüber dem ersten Test verschlechtert. Ein solcher Befund kann unterschiedlichste Gründe haben (Krankheit, falsche Trainingsgestaltung, mangelnde Regeneration, Probleme in anderen Lebensbereichen etc). Bei Anfängern tritt ein solcher Befund eher selten auf. Bei langjährigen Läufern sind solche Leistungseinbrüche häufig festzustellen, da sie teilweise über Jahre zu intensiv und ohne genügende Erholung trainiert haben, angetrieben von dem unrealistischen Wunsch, daß das Leistungsvermögen von Jahr zu Jahr stetig wachsen müsse. Stellt sich der Erfolg dann nicht wie gewünscht ein, werden Trainingsumfang und Trainingsintensität erhöht, bis der Körper streikt: Verletzungen häufen sich, die Motivation bricht ein. Laufen ist endgültig zur (ungeliebten) Arbeit degeneriert. Die Lauf- und Fitneßmagazine sind voll von solchen Leidensgeschichten. Das eigene Trainingskonzept wird meist nicht in Frage gestellt – ein Teufelskreis aus falschem Ehrgeiz und mangelnder Information.

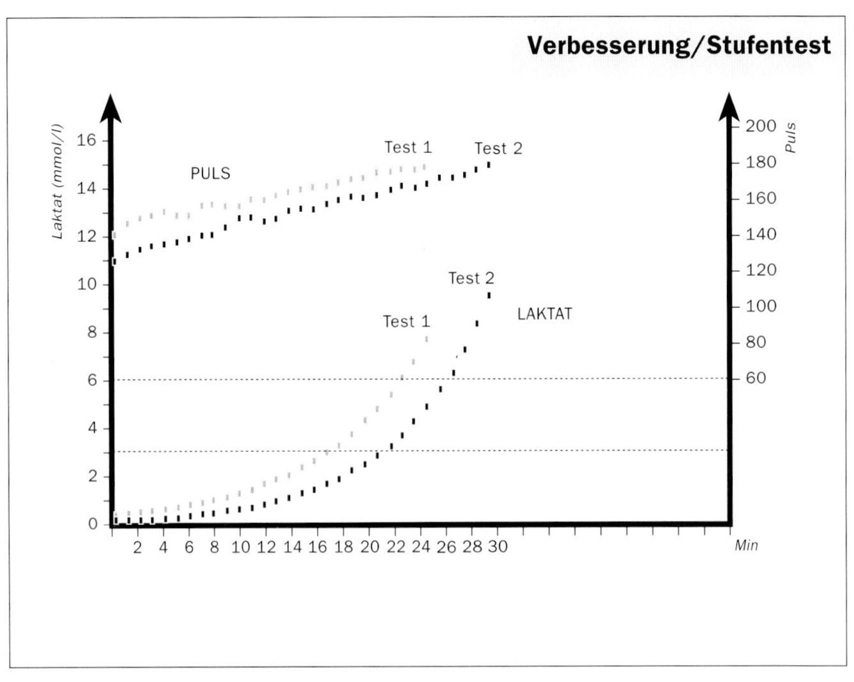

Beispiel: Verbesserung/Stufentest
Auch beim Stufentest ist ein Vergleich aufschlußreich. Wenn alles nach Plan läuft, wird die absolute Leistung (= maximal erreichte Laufgeschwindigkeit in km/h) unter Umständen sogar schlechter, da wir zunächst nur an Ihrer Grundlagenausdauer arbeiten und dadurch Ihr anaerobes Potential «auf Eis liegt». Dies ist aber nicht weiter schlimm. Entscheidend für eine Langzeitausdauerprüfung wie den Marathon ist, welche Leistung Sie in den unteren «Drehzahlbereichen» zustande bringen. Erwünscht ist also viel Power bei wenig «Drehzahl». Wie eine solche Leistungsverbesserung im Testdiagramm aussieht, verdeutlicht folgende Darstellung:

Der Pulsverlauf im zweiten Test ist bei vergleichbarer Leistung durchgängig niedriger, das Laktat steigt erst sehr viel später an. Aber Vorsicht! Seien Sie nicht frustriert, wenn ein Test einmal nicht den gewünschten Leistungssprung zum vorherigen ausweist. Es ist eben ein Test unter Laborbedingungen, der nicht Ihr tatsächliches Leistungsvermögen im Marathon repräsentiert, da an diesem Tag X noch eine Reihe anderer Faktoren mit im Spiel sind (Willensstärke, vernünftige Ernährung, Renneinteilung, Geduld etc.). Oberste Priorität sollte immer die aktuelle Ableitung der Herzfrequenzen für die Trainingsgestaltung haben.

Kernaussagen

1. Der Schlüssel zum Marathon ist die Erarbeitung einer stabilen Grundlagenausdauer mit dem 3L-Training.
2. Die gezielte Trainingsdifferenzierung führt zur weiteren Leistungssteigerung.
3. Ohne Pulsmesser ist eine Trainingssteuerung nur schlecht möglich.
4. Die Erfolgskontrolle ermöglicht Rückschlüsse und gegebenenfalls Korrekturen im Trainingsplan. Lassen Sie sich von Fachleuten beraten.

Trainingsplanung und Trainingspläne

Jetzt, da Sie Ihren Check-up absolviert haben und alles über Ihre Pulswerte wissen, können Sie eigentlich mit dem Training beginnen. Aber jetzt nach Lust und Laune oder gerade dann trainieren, wenn zwischen Beruf, Familie und anderen Aktivitäten etwas Zeit bleibt?

Nein – so funktioniert das sicher nicht. Aus eigener Erfahrung weiß ich, daß eine Trainingseinheit, die nicht fest in meinen Tagesablauf eingeplant war, als erstes gestrichen wurde. Es hat dann halt doch nicht geklappt. Sie können es drehen und wenden, wie Sie wollen, aber es führt kein Weg daran vorbei: Die durchschnittlich vier Stunden pro Woche müssen Sie sich «freischaufeln».

Geschäftlich wüßten Sie ohne Terminplanung vermutlich auch nicht ein noch aus. Wenn Sie Ihre zwei bis vier Trainingseinheiten pro Woche nicht in den gleichen Kalender eintragen, in dem auch Ihre anderen Termine stehen, dann werden Sie diese auch nur selten durchführen. Planen Sie die Trainings fest ein, reservieren Sie sich diese Stunden als «Termin mit Ihrer Gesundheit».

Ihr persönlicher Trainingsplan

Im folgenden Abschnitt des Buches sind drei Typen von Trainingsplänen aufgeführt: für jede der drei Gruppen ein Plan vom Trainingsbeginn bis zum Marathon. Bitte verstehen Sie diese wirklich nur als Beispiel (und nicht als starre Vorgabe!), um Ihnen die Grundregeln der Trainingsplanung und -periodisierung zu verdeutlichen. Sie können die Pläne natürlich als Grundraster benutzen, um Ihren persönlichen Trainingsplan aufzustellen. Ihr Plan muß sich an *Ihren* Gegebenheiten orientieren und sich möglichst reibungslos in *Ihre* Tages- und Wochenplanung einfügen. Sie sollen sich ja nicht zum Sklaven Ihrer eigenen Vorgaben machen! Manchmal diktieren berufliche und private Notwendigkeiten Rhythmus und Reihenfolge der Trainingseinheiten.

Ein noch so ausgefeilter Trainingsplan ist kein Allheilmittel, er ist nicht einmal der wichtigste Faktor auf dem Weg zum Marathon. Trainingsplanung ist nicht mehr und nicht weniger als die Kombination von Basiswissen über unseren Körper mit leistungsphysiolo-

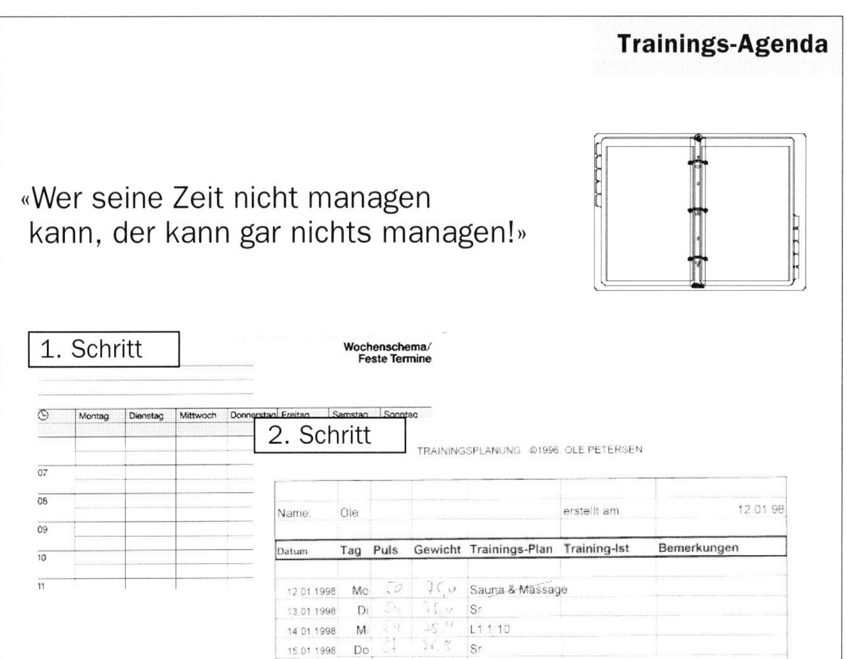

gischen Erkenntnissen und einem Schuß gesunden Menschenverstands. Es gibt weder Geheimrezepte noch eine objektiv «richtige» Trainingsplanung. Menschen sind nicht programmierbar.

Vielmehr stellen sich die Schritte zum Erfolg in ihrer Priorität so dar:

1. Schritt: Einhalten des GA-Pulses im Training

Oberste Priorität hat das disziplinierte Einhalten Ihres Pulsbereiches bei den Grundlageneinheiten, die mit ca. 80 % den größten zeitlichen Anteil nehmen. Wenn Sie schon mal Zeit fürs Training haben, dann investieren Sie diese auch optimal. Die Pulsaufzeichnungen von zwei Trainingseinheiten verdeutlichen dies.

Bei der ersten Einheit, einem zweistündigen Lauftraining, das ich allein absolvierte, konnte ich meinen damaligen GA-Puls fast perfekt einhalten: ein «effektives» Training.

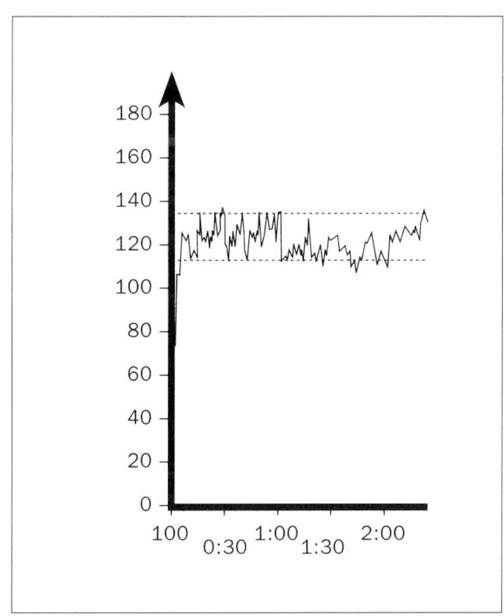

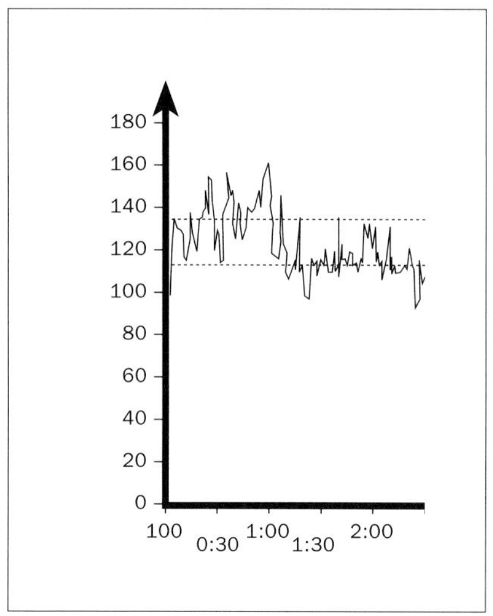

Die zweite Pulskurve gibt ein anderthalbstündiges Training mit einer Laufgruppe in einer Periode wieder, als ich eigentlich noch an meiner Grundlage arbeiten sollte. Das Tempo war unregelmäßig, mein Puls zum Teil deutlich unter bzw. über meinem Zielbereich. Zu diesem Zeitpunkt also ein eher kontraproduktives Training, die Zeit hätte ich besser sinnvoller investiert.

2. Schritt: Langsames Ausdehnen der Trainingslänge
Als Laufanfänger sollten Sie die Länge Ihrer Laufeinheiten langsam steigern. Wenn Sie mit 30 bis 40 Minuten anfangen, dann steigern Sie alle zwei Wochen in 10-Minuten-Schritten, bis Sie sich auf 2 bis 2:30 h «aufgebaut» haben. Genaueres finden Sie in den Beispielplänen und im Kapitel *Regeneration.*

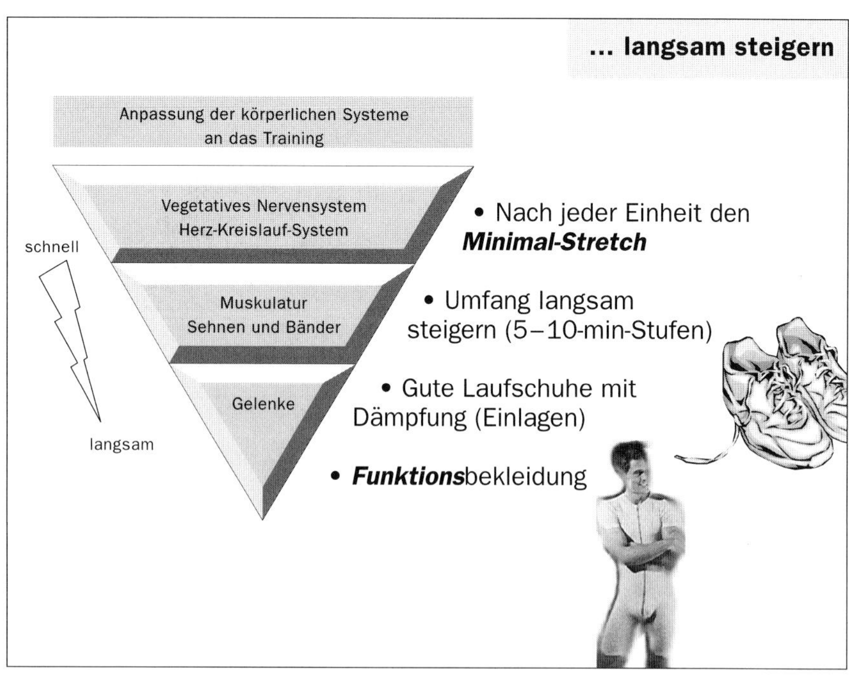

3. Schritt: Training und Ernährung abstimmen
Wenn Sie sich dann an die Longjoggs von zwei Stunden und länger gewöhnt haben, werden Sie sogenannte «Nüchterntrainings» machen, d. h., Sie absolvieren lange Läufe ohne vorherige Nahrungszufuhr, um den Fettstoffwechsel optimal anzusprechen. Näheres hierzu finden Sie im Kapitel *Ernährung*.

4. Schritt: Planung der Einheiten nach trainingsmethodischen Grundregeln
Erst wenn Sie diese Punkte im Griff haben, ist es auch sinnvoll, Ihre Einheiten nach den Regeln der Trainingsmethodik zusammenzustellen. Diese stammen zwar aus dem Profibereich, sind aber zum Teil auch für Hobbyläufer anwendbar.

Regeln der Trainingsplanung

1. Regel: Einhalten der Verteilung in die Trainingsbereiche
80 Prozent der zur Verfügung stehenden Zeit trainieren wir im Grundlagenbereich, da wir von durchschnittlich vier Wochenstunden Training ausgehen. 4 Stunden x 80 % = 3 Stunden 3L-Training pro Woche.

2. Regel: Regeneration im Trainingsplan berücksichtigen
Zu den wichtigsten regenerativen Maßnahmen zählen die Ruhetage und Regenerationswochen. Im Kapitel *Regeneration* wird noch näher auf ihre Wirkung eingegangen. Für die praktische Umsetzung im Trainingsplan empfehle ich für Läufer, die mehr Zeit zum Trainieren haben, pro Woche

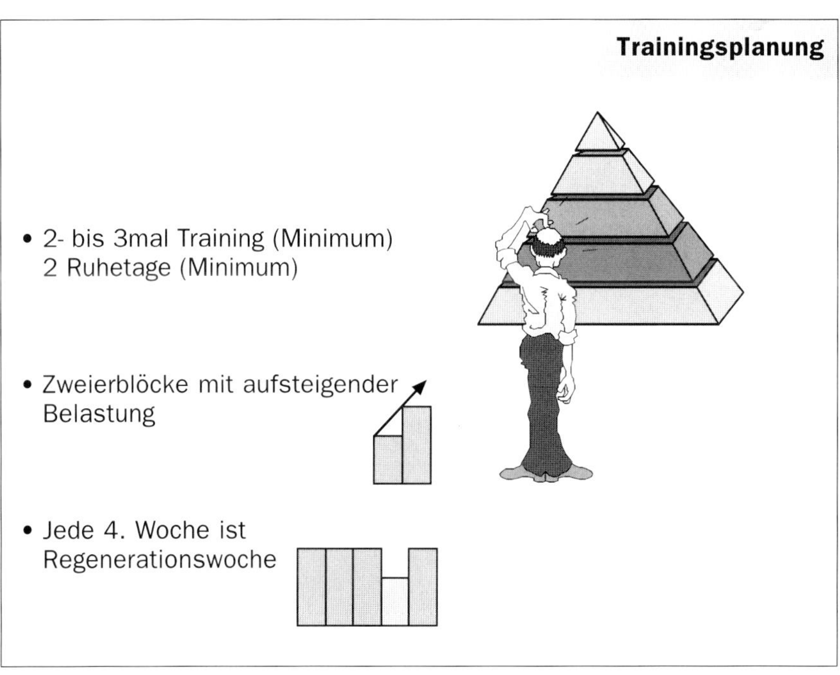

mindestens zwei Ruhetage einzuplanen. Ruhetag heißt: keinerlei sportliche oder auch andere körperlich intensiv beanspruchende Tätigkeiten. Häufig spielen Läuferinnen und Läufer an den Ruhetagen ausgiebig Tennis oder Fußball – und wundern sich, daß Fortschritte beim Laufen ausbleiben. Der Zusammenhang ist simpel: Wird dem Körper keine ausreichende Regenerationsgelegenheit eingeräumt, bleibt der Trainingseffekt aus!

Ruhetag ist wirklich Ruhetag – Füße hoch und ausruhen!

Für Läufer mit wenig Zeit zum Trainieren (2–3 Tage pro Woche) ist dies kein Thema. Vier Ruhetage sind genug.

Die Ruhetage erfolgen in der Regel nach zwei bzw. drei Tagen Training. Da der berufstätige Hobbyläufer seine langen Einheiten normalerweise am Wochenende absolvieren muß, sollte er erholt in diesen Trainingsblock (zwei bzw. drei Trainingstage nacheinander) hineingehen und sich danach genügend Entspannung und Erholung gönnen. Der Montag und der Freitag sind ideale Ruhetage:

Montag	***Ruhetag***
Dienstag	Training
Mittwoch	Ruhetag
Donnerstag	Training
Freitag	***Ruhetag***
Samstag	Training
Sonntag	Training

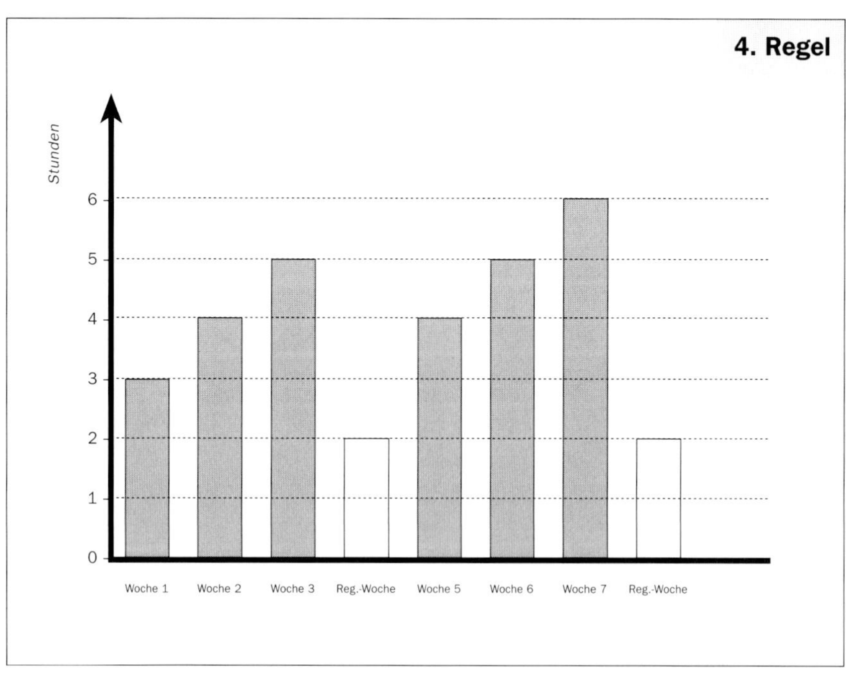

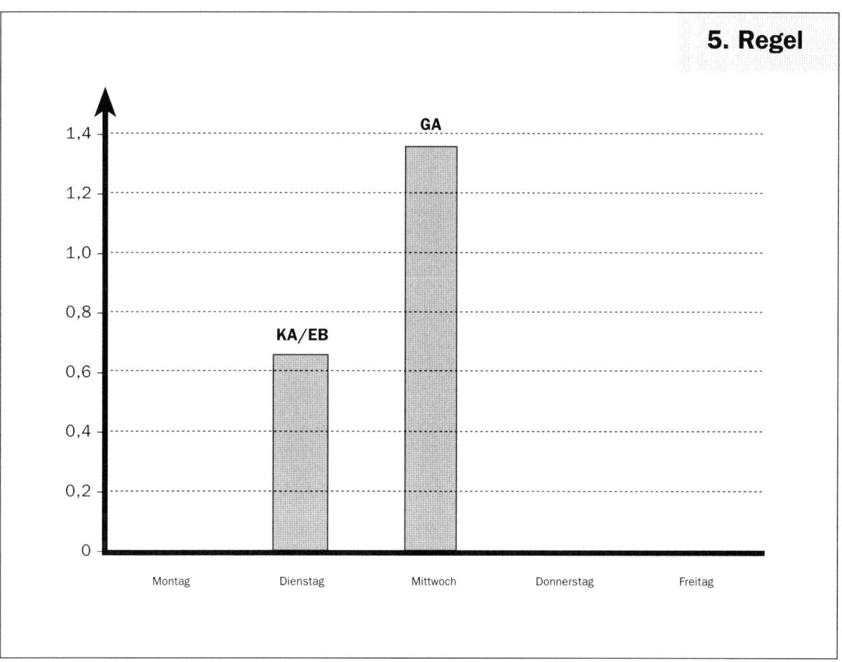

3. Regel: Aufsteigende Umfänge im Trainingsblock
Innerhalb eines Trainingsblocks von zwei Tagen (z. B. am Wochenende) sollten die Trainingsumfänge aufsteigend sein, also am ersten Tag z. B. Lga 1:20 h und am zweiten Tag Lga 1:50 h.

4. Regel: Jede vierte Woche ist Regenerationswoche
Nach jedem dreiwöchigen Block an Trainingsaufbau sowie nach jedem Marathon oder anderen Laufwettbewerben wird eine Regenerationswoche eingelegt, in der mit zwei bis drei Stunden der Umfang deutlich geringer ist als in den regulären Trainingswochen.

5. Regel: Intensive Einheiten an den Anfang stellen
Diese Regel basiert auf dem Prinzip von Anspannung (Training) und Entspannung (Regeneration). Die KA- und EB-Einheiten sollten immer am ersten Tag eines Trainingsblocks eingeplant werden. Nach einem Regenerationstag ist der Körper genügend ausgeruht und frisch, um eine intensive Einheit zu verkraften.

Diese Regeln gilt es nun soweit wie möglich in Ihrem Trainingsplan zu berücksichtigen.

Detaillierte Trainingsplanung

Den folgenden Trainingsplänen liegen jeweils individuell besondere Gegebenheiten wie

- Alter
- sportliche Historie
- Gesundheitszustand
- berufliche und familiäre Situation usw.

zugrunde. Sie sollten Ihre Trainingspläne unbedingt auf Ihre individuellen Gegebenheiten und Bedürfnisse abstimmen. Lassen Sie sich gegebenenfalls von Fachleuten beraten (vgl. Anhang). Sie müssen Ihren Trainingsberatern alle relevanten Informationen zur Verfügung zu stellen (auch über unterstützende bzw. blockierende Faktoren im beruflichen und familiären Umfeld). Je offener und umfassender Sie das tun, um so besser ist das Ergebnis. Ihr Berater/Trainer ist Ihnen zur Verschwiegenheit verpflichtet.

Bei der Darstellung des Trainingsplans, der gleichzeitig den Trainings-Ist-Zustand wiedergibt, habe ich eine einfache und übersichtliche Darstellung gewählt, auf der nur die Parameter Trainingsintensität und Trainingsdauer verzeichnet sind. Zusätzlich werden noch der morgendliche Ruhepuls und das Körpergewicht (am besten standardisiert, z. B. Messung jeden Sonntagmorgen) notiert. In der Rubrik «Bemerkungen» werden Besonderheiten festgehalten, die während oder nach dem Training festgestellt werden, z. B. «gutes Laufgefühl» oder «leichter Muskelkater am Morgen».

Legende der Disziplinen

V = Velo/Radfahren
L = Laufen
Ruhetag = trainingsfrei
(zur besseren Übersicht sind die Ruhetage in den Plänen nicht extra vermerkt, die Felder bleiben leer)

Legende der Intensitäten

ga = Grundlagenausdauer
ka = Kraftausdauer
eb = Entwicklungsbereich

Auch die regenerativen Maßnahmen sowie das Visualisierungstraining

Beispiel:

Tag	Puls	Gewicht	Trainings-Plan	Training-Ist	Bemerkungen
Mo					Ruhetag
Di			Lka 0:45		
Mi			Lga 1:10		
Do					Ruhetag
Fr					Ruhetag
Sa			Lga 1:30		
So			Lga 1 + Vga 1 h		

sollten fest eingeplant werden, da sie sonst vermutlich ausfallen.

Mit den von uns betreuten Sportlern werden die Trainingspläne jeweils für den Zeitraum der nächsten 12 Wochen (= eine Trainingsperiode) erstellt. Sie finden im folgenden zwar zur Veranschaulichung die kompletten Pläne für das Training bis zum Marathon. Bei einem Trainingscoaching wird aber jeweils nur der nächste 12-Wochen-Abschnitt geplant. Es ist sinnvoll, die Erfahrungen jeder Periode in den neuen Abschnitt einfließen zu lassen. Die Planung in Abschnitten hat auch den praktischen Vorteil, kurzfristig auf wichtige Ereignisse in anderen Lebensbereichen eingehen zu können.

Ausgangslage 1: Regelmäßige Jogger

Im ersten Beispiel handelt es sich um eine 32jährige Hausfrau mit zwei Kindern (fünf und sieben Jahre). Zusätzlich zu Kindererziehung und Haushalt arbeitet sie dreimal in der Woche vormittags in ihrem Beruf als Arzthelferin. Sie joggt mit einer Nachbarin seit über zwei Jahren an den zwei Tagen, an denen sie nicht arbeitet, und einmal am Wochenende. Meistens laufen beide zwischen ein und eineinhalb Stunden und haben auch schon an einem 12-Kilometer-Lauf teilgenommen.

Das Ziel der Läuferin: «Ich werde den Lausanne Marathon am 24. Oktober 1999 finishen.»

Besonderheiten

Die größte Schwierigkeit für Sie als erfahrenen Läufer ist die Umstellung des Trainings. Sie müssen Ihre Trainingsgewohnheiten zunächst über Bord werfen und die Intensitäten gänzlich anders ausrichten. Wenn Sie bislang vorwiegend im oberen Bereich des KA-Pulses gelaufen sind, heißt das nicht, daß Sie «falsch» trainiert haben. Sie sind sozusagen bisher im dritten Gang gefahren und müssen nun lernen, daß es auch einen ersten Gang gibt. Es ist unter Umständen recht frustrierend, wenn Sie das erste Mal mit Ihrem GA-Puls zu laufen versuchen und feststellen, daß Sie das Gefühl haben zu schleichen, förmlich zu stehen. Sie zweifeln an allem, an Ihrem bisherigen Training und an dieser Art Training. Aber Sie werden nicht immer «gehen» müssen, wenn Sie nach der 3L-Methode trainieren. Üben Sie sich in Geduld, und vertrauen Sie Ihrer eigenen Lernfähigkeit. Denn als Sie das erste Mal liefen, waren Sie ein Laufanfänger, und nun sind Sie ein Grundlagen-Anfänger. Ihr Körper wird mit jeder Trainingseinheit lernen, mehr Energie aus dem Fettstoffwechsel zu gewinnen, und so werden Sie mit gleichem Puls Stück um Stück schneller, bis Ihr Grundlagenfundament ausgeprägt und stabil ist. Zur Kontrolle dient der Standard-Lauftest.

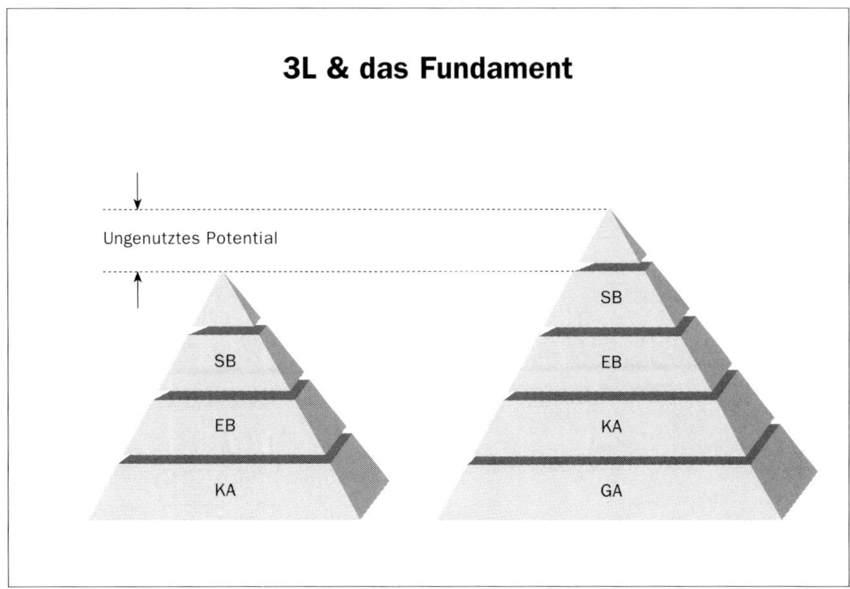

Wir haben bei vielen Läufern mit dem 3L-Training auch deutliche Leistungssteigerungen auf kürzeren Distanzen erzielt. Es braucht natürlich einige Überzeugungsarbeit, um begreiflich zu machen, daß man im Training langsam(er) laufen muß, um im Wettkampf schnell(er) zu sein. Aber Sie können sicher sein – auch Profis profitieren von dieser Trainingsmethode.

Der 6-Monate Trainingsplan für Gruppe 1

1. Periode

Ziele: Ermittlung der Pulswerte mittels Laktatstufentest
Einführung in das 3L-Training

Die bisherigen Trainingstage werden beibehalten, die zweite Wochenvariante hat einen zusätzlichen Trainingstag am Sonntag, mit dem ein Zweier-GA-Block am Wochenende entsteht. Damit das Familienleben nicht zu kurz kommt, ist diese Variante nur dreimal in den 12 Wochen eingeplant.

2. Periode

Ziele: Absolvierung längerer Distanzen
Vorbereitung auf den Marathon mit KA- und EB-Einheiten

Als Schlüsseltraining sind zwei Zwei- und Drei-Stunden-Läufe eingeplant. Die erste Wochenvariante hat drei Einheiten mit einem Training je Intensitätsbereich GA/KA/EB, die zweite Variante vier Einheiten, je zwei im KA- und GA-Bereich.

Gestaltung der 1. Periode												
Beginn:												
10.05.1999	Mo											
Woche*	19	20	21	22	23	24	25	26	27	28	29	30
Var. 1	x	x	x		x		x		x			
Var. 2						x				x	x	
Reg.				x				x				x

Reg = Regenerationswochen
Woche* 19. Kalenderwoche = 1. Trainingswoche

	3 Einheiten	4 Einheiten	
Wochentag	Variante 1	Variante 2	Regeneration
Mo			
Di	Lka 0:45	Lka 0:45	Lga 1h
Mi			
Do	Lga 1h	Lga 1h	Lga 1:20
Fr			
Sa	Lga 1:20-1:50	Lga 1:30	
So		Lga bis 2:10	

Name:	Mary Lausanne					
Datum	**Tag**	**Puls**	**Gewicht**	**Trainings-Plan**	**Training-Ist**	**Bemerkungen**
						1. Periode
10.05.1999	Mo					**noch 24 Wochen**
11.05.1999	Di					**Laktatstufentest**
12.05.1999	Mi					
13.05.1999	Do			Lga 1h		Standard-Lauftest
14.05.1999	Fr					
15.05.1999	Sa			Lga 1:10		
16.05.1999	So					
17.05.1999	Mo					Massage

Datum	Tag	Puls	Gewicht	Trainings-Plan	Training-Ist	Bemerkungen
18.05.1999	Di			Lka 0:45		
19.05.1999	Mi					
20.05.1999	Do			Lga 1h		
21.05.1999	Fr					Visualisierung
22.05.1999	Sa			Lga 1:20		
23.05.1999	So					
24.05.1999	Mo					Massage
25.05.1999	Di			Lka 0:45		
26.05.1999	Mi					
27.05.1999	Do			Lga 1h		
28.05.1999	Fr					
29.05.1999	Sa			Lga 1:30		
30.05.1999	So					
31.05.1999	Mo					Massage
1.06.1999	Di			Lga 1h		
2.06.1999	Mi					
3.06.1999	Do			Lga 1:20		
4.06.1999	Fr					Visualisierung
5.06.1999	Sa					
6.06.1999	So					
7.06.1999	Mo					**noch 20 Wochen**
8.06.1999	Di			Lka 0:45		
9.06.1999	Mi					
10.06.1999	Do			Lga 1h		Standard-Lauftest
11.06.1999	Fr					
12.06.1999	Sa			Lga 1:40		
13.06.1999	So					
14.06.1999	Mo					Massage
15.06.1999	Di			Lka 0:45		
16.06.1999	Mi					
17.06.1999	Do			Lga 1h		
18.06.1999	Fr					Visualisierung
19.06.1999	Sa			Lga 1:30		
20.06.1999	So			Lga 1:50		
21.06.1999	Mo					Massage

Datum	Tag	Puls	Gewicht	Trainings-Plan	Training-Ist	Bemerkungen
22.06.1999	Di			Lka 0:45		
23.06.1999	Mi					
24.06.1999	Do			Lga 1h		
25.06.1999	Fr					
26.06.1999	Sa			Lga 1:20-1:50		
27.06.1999	So					
28.06.1999	Mo					Massage
29.06.1999	Di			Lga 1h		
30.06.1999	Mi					
1.07.1999	Do			Lga 1:20		
2.07.1999	Fr					Visualisierung
3.07.1999	Sa					
4.07.1999	So					
5.07.1999	Mo					**noch 16 Wochen**
6.07.1999	Di			Lka 0:45		
7.07.1999	Mi					
8.07.1999	Do			Lga 1h		Standard-Lauftest
9.07.1999	Fr					
10.07.1999	Sa			Lga 1:20-1:50		
11.07.1999	So					
12.07.1999	Mo					Massage
13.07.1999	Di			Lka 0:45		
14.07.1999	Mi					
15.07.1999	Do			Lga 1h		
16.07.1999	Fr					Visualisierung
17.07.1999	Sa			Lga 1:30		
18.07.1999	So			Lga bis 2:10		
19.07.1999	Mo					Massage
20.07.1999	Di			Lka 0:45		
21.07.1999	Mi					
22.07.1999	Do			Lga 1h		
23.07.1999	Fr					
24.07.1999	Sa			Lga 1:30		
25.07.1999	So			Lga bis 2:10		
26.07.1999	Mo					Massage

Datum	Tag	Puls	Gewicht	Trainings-Plan	Training-Ist	Bemerkungen
27.07.1999	Di			Lga 1h		
28.07.1999	Mi					
29.07.1999	Do			Lga 1:20		
30.07.1999	Fr					Visualisierung
31.07.1999	Sa					
1.08.1999	So					

Gestaltung der 2. Periode												
Beginn:												
2.08.1999	Mo											
Woche	31	32	33	34	35	36	37	38	39	40	41	42
Var. 1	x				x	x			x	x	x	
Var. 2		x	x				x					
Reg.				x				x				x

	3 Einheiten	4 Einheiten	
Wochentag	Variante 1	Variante 2	Regeneration
Mo			
Di	Leb 3-5x4min.	Lka 0:45	Lga 1h
Mi			
Do	Lka 1:10	Lka 1:10	Lga 1:30
Fr			
Sa	Lga 2-2:40	Lga 1:45	
So		Lga bis 2:20	

Name:	Mary Lausanne					
Datum	**Tag**	**Puls**	**Gewicht**	**Trainings-Plan**	**Training-Ist**	**Bemerkungen**
						2. Periode
2.08.1999	Mo					**noch 12 Wochen**
3.08.1999	Di			Leb 3-5x4min.		
4.08.1999	Mi					
5.08.1999	Do			Lka 1:10+abc		
6.08.1999	Fr					
7.08.1999	Sa			Lga 2:40		mit Standard-Lauftest
8.08.1999	So					
9.08.1999	Mo					Massage
10.08.1999	Di			Lka 0:45		
11.08.1999	Mi					
12.08.1999	Do			Lka 1:10		
13.08.1999	Fr					Visualisierung
14.08.1999	Sa			Lga 1:45		
15.08.1999	So			Lga bis 2:20		Ernährung testen
16.08.1999	Mo					Massage
17.08.1999	Di			Lka 0:45		
18.08.1999	Mi					
19.08.1999	Do			Lka 1:10+abc		
20.08.1999	Fr					
21.08.1999	Sa			Lga 1:45		
22.08.1999	So			Lga bis 2:20		
23.08.1999	Mo					Massage
24.08.1999	Di			Lga 1h		
25.08.1999	Mi					
26.08.1999	Do			Lga 1:30		mit Standard-Lauftest
27.08.1999	Fr					Visualisierung
28.08.1999	Sa					
29.08.1999	So					
30.08.1999	Mo					**noch 8 Wochen**
31.08.1999	Di			Leb 3-5x4min.		
1.09.1999	Mi					

Datum	Tag	Puls	Gewicht	Trainings-Plan	Training-Ist	Bemerkungen
2.09.1999	Do			Lka 1:10+abc		
3.09.1999	Fr					
4.09.1999	Sa			**Lga 3h**		Ernährung testen
5.09.1999	So					
6.09.1999	Mo					Massage
7.09.1999	Di			Leb 3-5x4min.		
8.09.1999	Mi					
9.09.1999	Do			Lka 1:10		
10.09.1999	Fr					Visualisierung
11.09.1999	Sa			Lga 2-2:40		
12.09.1999	So					
13.09.1999	Mo					Massage
14.09.1999	Di			Lka 0:45		
15.09.1999	Mi					
16.09.1999	Do			Lka 1:10+abc		
17.09.1999	Fr					
18.09.1999	Sa			Lga 1h		
19.09.1999	So			**Lga 3:10h**		
20.09.1999	Mo					Massage
21.09.1999	Di			Lga 1h		
22.09.1999	Mi					
23.09.1999	Do			Lga 1:30		
24.09.1999	Fr					Visualisierung
25.09.1999	Sa					
26.09.1999	So					
27.09.1999	Mo					**noch 4 Wochen**
28.09.1999	Di			Leb 3-5x4min.		
29.09.1999	Mi					
30.09.1999	Do			Lka 1:10		
1.10.1999	Fr					
2.10.1999	Sa			Lga 2-2:40		
3.10.1999	So					
4.10.1999	Mo					Massage
5.10.1999	Di			Leb 3-5x4min.		
6.10.1999	Mi					

Datum	Tag	Puls	Gewicht	Trainings-Plan	Training-Ist	Bemerkungen
7.10.1999	Do			Lka 1:10+abc		
8.10.1999	Fr					Visualisierung
9.10.1999	Sa			Lga 2-2:40		
10.10.1999	So					
11.10.1999	Mo					**noch 2 Wochen**
12.10.1999	Di			Leb 3-5x4min.		Massage
13.10.1999	Mi					
14.10.1999	Do			Lka 1:10		
15.10.1999	Fr					Visualisierung
16.10.1999	Sa			Lga 2-2:40		
17.10.1999	So					
18.10.1999	Mo					**noch 1 Woche**
19.10.1999	Di			Lga 1:20h		
20.10.1999	Mi					
21.10.1999	Do			Lka 0:30		Visualisierung
22.10.1999	Fr					Essen, essen ...
23.10.1999	Sa					Früh ins Bett
24.10.1999	So			**Lausanne Marathon**		**Finish!**

Ausgangslage 2: Freizeitsportler/Laufanfänger

Bei Fall 2 handelt es sich um einen verheirateten Außendienstmitarbeiter mit ca. drei Tagen Reisetätigkeit unter der Woche, ab und zu sind auch Wochenenden mit Messeterminen belegt, die ein Training unmöglich machen. Der 38jährige geht seit drei Jahren regelmäßig zweimal unter der Woche abends in ein Fitneß-Center und absolviert dort jeweils ca. 90 Minuten ein fitneßorientiertes Programm mit Kraftmaschinen, Stepper und Ergometer. Alle zwei Wochen nimmt er an einem Spinning-Kurs teil. Gelegentlich hat unser Laufanfänger im Sommer am Wochenende mit einem Freund Radtouren unternommen. Das Tempo des Partners hat er ca. eineinhalb Stunden lang mithalten können, danach war er immer ziemlich «platt». Sein Ziel: «Ich werde den Hamburg Marathon am 16. April 2000 fertig laufen.»

Besonderheiten

Freizeitsportler neigen anfangs dazu, die Bewegungs- und Intensitätsmuster der bisherigen sportlichen Aktivitäten, die vermutlich im KA- und EB-Bereich absolviert wurden, auf das Lauftraining zu übertragen. Auch hier gilt es, sich in Geduld zu üben. Lesen Sie nochmals die Ratschläge zum 3L-Training im Kapitel *Trainingssteuerung*. Da Sie regelmäßig sportlich aktiv sind, ist Ihr Herz-Kreislauf-System bereits trainiert. Jetzt gilt es vor allem, Ihrer Muskulatur, den Sehnen und Bändern Gelegenheit zu geben, sich dem Lauftraining anzupassen. Beginnen Sie zunächst auch mit Einheiten von 30–40 Minuten, und steigern Sie dann langsam, auch wenn Sie das Gefühl haben, viel mehr vertragen zu können. Auch dem Stretching sollten Sie besondere Beachtung schenken.

Der 9-Monate-Trainingsplan für Gruppe 2

1. Periode

Ziele: Ermittlung der Pulswerte mittels Smart-Test
Einführung in das 3L-Training

Im Fitneß-Center werden zunächst noch einmal ein längeres Herz-Kreislauf-Training auf dem Ergometer und ein umfassendes Stretching-Programm absolviert. Wegen der Reisetätigkeit unter der Woche möchte unser Laufanfänger nur am Sonntag trainieren. Während der Arbeitswoche ist ein Training an den Abenden möglich, die er auswärts verbringt, in der Regel am Dienstag, Mittwoch und Donnerstag.

2. Periode

Ziele: Absolvierung längerer Distanzen
Kontrolle der Entwicklung mittels Stufentest
Training Kraftausdauer

3. Periode

Ziele: Training im Entwicklungsbereich
evtl. Probewettkampf
Vorbereitung auf den Marathon

Gestaltung der 1.Periode												
Beginn:												
9.08.1999	Mo											
Woche*	32	33	34	35	36	37	38	39	40	41	42	43
Var. 1	x	x	x		x							
Var. 2						x	x		x	x	x	
Reg.				x				x				x

Woche*: 32. Kalenderwoche = 1. Trainingswoche

Wochentag	Variante 1	Variante 2	Regeneration
Mo			
Di	Lga 0:30	Lga 0:45	Lga 0:45
Mi	Lga 0:45	Lga 1h	
Do	Vga 1:30+Stretch	Vga 1:30+Stretch	Vga 1:30+Stretch
Fr			
Sa			
So	Lga 1:20–1:40	Lga 1:40	

Name:	Hans Hamburg						
Datum	**Tag**	**Puls**	**Gewicht**	**Trainings-Plan**	**Training-Ist**	**Bemerkungen**
						1. Periode
9.08.1999	Mo					**noch 36 Wochen**
10.08.1999	Di			Lga 0:20		Smart-Test
11.08.1999	Mi			Lga 0:35		Standard-Lauftest
12.08.1999	Do			Vga 1:30+Stretch		(Ergometer)
13.08.1999	Fr					
14.08.1999	Sa					
15.08.1999	So			Lga 0:40		
16.08.1999	Mo					
17.08.1999	Di			Lga 0:30		
18.08.1999	Mi			Lga 0:45		
19.08.1999	Do			Vga 1:30+Stretch		

Datum	Tag	Puls	Gewicht	Trainings-Plan	Training-Ist	Bemerkungen
20.08.1999	Fr					
21.08.1999	Sa					
22.08.1999	So			Lga 0:50		
23.08.1999	Mo					Visualisierung
24.08.1999	Di			Lga 0:30		
25.08.1999	Mi			Lga 0:45		
26.08.1999	Do			Vga 1:30+Stretch		
27.08.1999	Fr					
28.08.1999	Sa					
29.08.1999	So			Lga 1:10		
30.08.1999	Mo					
31.08.1999	Di			Lga 0:45		
1.09.1999	Mi					
2.09.1999	Do			Vga 1:30+Stretch		
3.09.1999	Fr					
4.09.1999	Sa					
5.09.1999	So					
6.09.1999	Mo					**noch 32 Wochen**
7.09.1999	Di			Lga 0:30		Smart-Test
8.09.1999	Mi			Lga 0:45		Standard-Lauftest
9.09.1999	Do			Vga 1:30+Stretch		
10.09.1999	Fr					
11.09.1999	Sa					
12.09.1999	So			Lga 1:20-1:40		
13.09.1999	Mo					Visualisierung
14.09.1999	Di			Lga 0:45		
15.09.1999	Mi			Lga 1h		
16.09.1999	Do			Vga 1:30+Stretch		
17.09.1999	Fr					
18.09.1999	Sa					
19.09.1999	So			Lga 1:40		
20.09.1999	Mo					
21.09.1999	Di			Lga 0:45		
22.09.1999	Mi			Lga 1h		
23.09.1999	Do			Vga 1:30+Stretch		

Datum	Tag	Puls	Gewicht	Trainings-Plan	Training-Ist	Bemerkungen
24.09.1999	Fr					
25.09.1999	Sa					
26.09.1999	So			Lga 1:40		
27.09.1999	Mo					Visualisierung
28.09.1999	Di			Lga 0:45		
29.09.1999	Mi					
30.09.1999	Do			Vga 1:30+Stretch		
1.10.1999	Fr					
2.10.1999	Sa					(Messe)
3.10.1999	So					(Messe)
4.10.1999	Mo					**noch 28 Wochen**
5.10.1999	Di			Lga 0:45		Smart-Test
6.10.1999	Mi			Lga 1h		Standard-Lauftest
7.10.1999	Do			Vga 1:30+Stretch		
8.10.1999	Fr					
9.10.1999	Sa					
10.10.1999	So			Lga 1:40		
11.10.1999	Mo					Visualisierung
12.10.1999	Di			Lga 0:45		
13.10.1999	Mi			Lga 1h		
14.10.1999	Do			Vga 1:30+Stretch		
15.10.1999	Fr					
16.10.1999	Sa					
17.10.1999	So			Lga 1:40		
18.10.1999	Mo					
19.10.1999	Di			Lga 0:45		
20.10.1999	Mi			Lga 1h		
21.10.1999	Do			Vga 1:30+Stretch		
22.10.1999	Fr					
23.10.1999	Sa					
24.10.1999	So			Lga 1:40		
25.10.1999	Mo					Visualisierung
26.10.1999	Di			Lga 0:45		
27.10.1999	Mi					
28.10.1999	Do			Vga 1:30+Stretch		

Datum	Tag	Puls	Gewicht	Trainings-Plan	Training-Ist	Bemerkungen
29.10.1999	Fr					
30.10.1999	Sa					
31.10.1999	So					

Gestaltung der 2. Periode												
Beginn:												
1.11.1999	Mo											
Woche	44	45	46	47	48	49	50	51	52	53	54	55
Var. 1	x	x	x		x		x		x			
Var. 2						x				x	x	
Reg.				x				x				x

Wochentag	Variante 1	Variante 2	Regeneration
Mo			
Di	Lka 0:45	Lka 1:10	Lga 1:20
Mi	Lga 1:20-1:40	Lga 1:40	
Do	Vga 1:30+Stretch	Vga 1:30+Stretch	Vga 1:30+Stretch
Fr			
Sa			
So	Lga 2h	Lga 2:30	

Name:	Hans Hamburg					
Datum	**Tag**	**Puls**	**Gewicht**	**Trainings-Plan**	**Training-Ist**	**Bemerkungen**
						2. Periode
1.11.1999	Mo					**noch 24 Wochen**
2.11.1999	Di			Lka 0:45		Smart-Test
3.11.1999	Mi			Lga 1:20-1:40		Standard-Lauftest
4.11.1999	Do			Vga 1:30+Stretch		

Datum	Tag	Puls	Gewicht	Trainings-Plan	Training-Ist	Bemerkungen
5.11.1999	Fr					
6.11.1999	Sa					
7.11.1999	So			Lga 2h		
8.11.1999	Mo					
9.11.1999	Di			Lka 0:45		
10.11.1999	Mi			Lga 1:20-1:40		
11.11.1999	Do			Vga 1:30+Stretch		
12.11.1999	Fr					Visualisierung
13.11.1999	Sa					
14.11.1999	So			Lga 2h		
15.11.1999	Mo					
16.11.1999	Di			Lka 0:45		
17.11.1999	Mi			Lga 1:20-1:40		
18.11.1999	Do			Vga 1:30+Stretch		
19.11.1999	Fr					
20.11.1999	Sa					
21.11.1999	So			Lga 2h		
22.11.1999	Mo					
23.11.1999	Di			Lga 1:20		
24.11.1999	Mi					
25.11.1999	Do			Vga 1:30+Stretch		
26.11.1999	Fr					Visualisierung
27.11.1999	Sa					(Messe)
28.11.1999	So					(Messe)
29.11.1999	Mo					**noch 20 Wochen**
30.11.1999	Di			Lka 0:45		
1.12.1999	Mi			Lga 1:20-1:40		
2.12.1999	Do			Vga 1:30+Stretch		
3.12.1999	Fr					
4.12.1999	Sa					
5.12.1999	So			Lga 2h		
6.12.1999	Mo					
7.12.1999	Di			Lka 1:10		
8.12.1999	Mi			Lga 1:40		
9.12.1999	Do			Vga 1:30+Stretch		

Datum	Tag	Puls	Gewicht	Trainings-Plan	Training-Ist	Bemerkungen
10.12.1999	Fr					Visualisierung
11.12.1999	Sa					
12.12.1999	So			Lga 2:30		
13.12.1999	Mo					**Laktatstufentest**
14.12.1999	Di			Lka 0:45		
15.12.1999	Mi			Lga 1:20-1:40		Standard-Lauftest
16.12.1999	Do			Vga 1:30+Stretch		
17.12.1999	Fr					
18.12.1999	Sa					
19.12.1999	So			Lga 2h		
20.12.1999	Mo					
21.12.1999	Di			Lga 1:20		
22.12.1999	Mi					
23.12.1999	Do			Vga 1:30+Stretch		
24.12.1999	Fr					Visualisierung
25.12.1999	Sa					(Messe)
26.12.1999	So					(Messe)
27.12.1999	Mo					**noch 16 Wochen**
28.12.1999	Di			Lka 0:45+abc*		
29.12.1999	Mi			Lga 1:20-1:40		Standard-Lauftest
30.12.1999	Do			Vga 1:30+Stretch		
31.12.1999	Fr					
1.01.2000	Sa					
2.01.2000	So			Lga 2h		
3.01.2000	Mo					
4.01.2000	Di			Lka 1:10		
5.01.2000	Mi			Lga 1:40		
6.01.2000	Do			Vga 1:30+Stretch		
7.01.2000	Fr					Visualisierung
8.01.2000	Sa					
9.01.2000	So			Lga 2:30		
10.01.2000	Mo					
11.01.2000	Di			Lka 1:10+abc		
12.01.2000	Mi			Lga 1:40		

* abc = Kleines Lauf-Abc (s. Seite 72)

Datum	Tag	Puls	Gewicht	Trainings-Plan	Training-Ist	Bemerkungen
13.01.2000	Do			Vga 1:30+Stretch		
14.01.2000	Fr					
15.01.2000	Sa					
16.01.2000	So			Lga 2:30		
17.01.2000	Mo					
18.01.2000	Di			Lga 1:20		
19.01.2000	Mi					
20.01.2000	Do			Vga 1:30+Stretch		
21.01.2000	Fr					Visualisierung
22.01.2000	Sa					
23.01.2000	So					

Gestaltung der 3. Periode												
Beginn:												
24.01.2000	Mo											
Woche	4	5	6	7	8	9	10	11	12	13	14	15
Var. 1		x				x			x	x		
Var. 2	x		x		x		x				x	
Reg.				x				x				x

Wochentag	Variante 1	Variante 2	Regeneration
Mo			
Di	Leb 3-5x4min.	Lka 1:10	Lga 1:20
Mi	Lka 0:50	Lga 1:40	
Do	Vga 1:30+Stretch	Vga 1:30+Stretch	Vga 1:30+Stretch
Fr			
Sa			
So	Lga 2h	Lga 2:30	

Name:	Hans Hamburg					
Datum	**Tag**	**Puls**	**Gewicht**	**Trainings-Plan**	**Training-Ist**	**Bemerkungen**
						3. Periode
24.01.2000	Mo					**noch 12 Wochen**
25.01.2000	Di			Lka 1:10+abc		
26.01.2000	Mi			Lga 1:40		Standard-Lauftest
27.01.2000	Do			Vga 1:30+Stretch		
28.01.2000	Fr					
29.01.2000	Sa					
30.01.2000	So			Lga 2:30		Ernährung testen
31.01.2000	Mo					
1.02.2000	Di			Leb 3-5x4min.		
2.02.2000	Mi			Lka 0:50		
3.02.2000	Do			Vga 1:30+Stretch		
4.02.2000	Fr					Visualisierung
5.02.2000	Sa					
6.02.2000	So			Lga 2h		
7.02.2000	Mo					
8.02.2000	Di			Lka 1:10+abc		
9.02.2000	Mi			Lga 1:40		
10.02.2000	Do			Vga 1:30+Stretch		
11.02.2000	Fr					
12.02.2000	Sa					
13.02.2000	So			**Lga 3h**		Ernährung testen
14.02.2000	Mo					
15.02.2000	Di			Lga 1:20		
16.02.2000	Mi					
17.02.2000	Do			Vga 1:30+Stretch		
18.02.2000	Fr					Visualisierung
19.02.2000	Sa					
20.02.2000	So					
21.02.2000	Mo					**noch 8 Wochen**
22.02.2000	Di			Lka 1:10+abc		
23.02.2000	Mi			Lga 1:40		
24.02.2000	Do			Vga 1:30+Stretch		
25.02.2000	Fr					

Datum	Tag	Puls	Gewicht	Trainings-Plan	Training-Ist	Bemerkungen
26.02.2000	Sa					
27.02.2000	So			Lga 2:30		
28.02.2000	Mo					
29.02.2000	Di			Leb 3-5x4min.		
1.03.2000	Mi			Lka 0:50		
2.03.2000	Do			Vga 1:30+Stretch		
3.03.2000	Fr					Visualisierung
4.03.2000	Sa					
5.03.2000	So			**Lga 3:20h**		
6.03.2000	Mo					
7.03.2000	Di			Lka 1:10		
8.03.2000	Mi			Lga 1:40		
9.03.2000	Do			Vga 1:30+Stretch		
10.03.2000	Fr					
11.03.2000	Sa					
12.03.2000	So			**Wettkampf-Luft schnuppern**		**lokaler Halbmarathon**
13.03.2000	Mo					
14.03.2000	Di			Lga 1h		
15.03.2000	Mi					
16.03.2000	Do			Vga 1:30+Stretch		
17.03.2000	Fr					Visualisierung
18.03.2000	Sa					(Messe)
19.03.2000	So					(Messe)
20.03.2000	Mo					**noch 4 Wochen**
21.03.2000	Di			Leb 3-5x4min.		
22.03.2000	Mi			Lka 0:50		
23.03.2000	Do			Vga 1:30+Stretch		
24.03.2000	Fr					
25.03.2000	Sa					
26.03.2000	So			Lga 2h		
27.03.2000	Mo					
28.03.2000	Di			Leb 3-5x4min.		
29.03.2000	Mi			Lka 0:50		
30.03.2000	Do			Vga 1:30+Stretch		

Datum	**Tag**	**Puls**	**Gewicht**	**Trainings-Plan**	**Training-Ist**	**Bemerkungen**
31.03.2000	Fr					Visualisierung
1.04.2000	Sa					
2.04.2000	So			Lga 2h		
3.04.2000	Mo					**noch 2 Wochen**
4.04.2000	Di			Lka 1:10		
5.04.2000	Mi			Lga 1:40		
6.04.2000	Do			Vga 1:30+Stretch		
7.04.2000	Fr					Visualisierung
8.04.2000	Sa					
9.04.2000	So			Lga 2h		
10.04.2000	Mo					**noch 1 Woche**
11.04.2000	Di			Lga 1:20		
12.04.2000	Mi					
13.04.2000	Do			Lka 0:30		Visualisierung
14.04.2000	Fr					Essen, essen ...
15.04.2000	Sa					Früh ins Bett
16.04.2000	So			**Hamburg Marathon**		**Fertig laufen!**

Ausgangslage 3: Nichtsportler/Wiedereinsteiger

Für diese Gruppe dient uns ein 42-jähriger Firmeninhaber als Beispiel. Seine letzten sportlichen Aktivitäten liegen über 15 Jahre zurück. Durch den Firmenaufbau hatte bisher die Gesundheit das Nachsehen, die Folge: leichtes Übergewicht. Nun möchte er seinen Gesundheits- und Fitneßzustand entscheidend verbessern. Wegen der geringen Vorbereitungszeit und der unkomplizierten Umstände fällt seine Wahl auf das Laufen.

Sein Ziel: «Ich werde im Jahr 2000 beim New York City Marathon ins Ziel laufen.»

Muß denn wirklich aller Anfang schwer sein?
Für Einsteiger ist wohl der Werbeslogan eines Sportartikelherstellers absolut passend: «Just do it!» Also: Einsteigertest durchführen, Pulswerte klären – und einfach loslegen. Je nach Gesundheitszustand werden Sie am Anfang zwischen 20 und 30 Minuten laufen können. Sie steigern dann alle ein bis zwei Wochen in 10-Minuten-Schritten die Dauer Ihrer Trainingseinheiten.

Die Atmung
Immer wieder stelle ich bei Anfängern fest, daß sie versuchen, möglichst flach und geräuscharm zu atmen, ja fast den Atem anzuhalten, denn es könnte ja jemand hören, daß man schnauft. Dies ist, ebenso wie unsere «Achtung – fertig – los»-Einstellung, ein Relikt aus dem Schulsport: «Bloß den anderen nicht merken lassen, wie sehr ich mich anstrenge. Bloß keine Schwäche zeigen!» Mit einer solchen Einstellung kommen Sie nicht weit! Atmen Sie aktiv, atmen Sie kräftig ein und aus. Sie brauchen viel Sauerstoff, um Ihr volles Leistungspotential zu entfalten.

Ein paar Pfunde zuviel
Dann beginnen Sie zunächst Ihr Training mit Walking (zügiges Gehen mit betontem Armeinsatz), bis Sie sich etwas Ausdauer antrainiert und etwas Gewicht verloren haben.

Sehr viele Pfunde zuviel
Dann beginnen Sie Ihr Training auf dem Rad oder Ergometer, da Sie nur so ein gelenkschonendes Bewegungstraining von sinnvoller Dauer absolvieren können. Durch entsprechende Ernährungsmaßnahmen werden Sie mit dem 3L-Training einen wirkungsvollen Ansatz haben, der Ihnen hilft, langsam, aber dauerhaft Ihr Gewicht in den Griff zu bekommen.

Gehen, Wandern, Walking oder Jogging?
Grundsätzlich spielt es keine Rolle, wie Sie Ihren Grundlagenpuls im Training erreichen. Für viele Anfänger ist Joggen zunächst nicht möglich, da der Puls selbst bei leichtem Traben noch zu hoch ist. Somit ist zunächst zügiges Gehen/Walking das geeignete Mittel.

Auch ein Wechsel zwischen leichtem Joggen und Gehen ist möglich. Wechseln Sie zunächst alle zwei Minuten und steigern den Jogging-Anteil bis auf fünf Minuten. Ihr Ziel sollte jedoch immer sein, Ihre komplette Trainingszeit joggend zurückzulegen. Auch längere Wanderungen haben positive Auswirkungen auf die Ausdauer, selbst wenn die Intensität leicht unterhalb der Untergrenze des GA-Pulses liegt.

Oft kommt es auch vor, daß man eine Zeitlang im Zwischenbereich von Walking und leichtem Joggen liegt. Beim Joggen ist der Puls etwas zu hoch, beim Walking etwas zu niedrig. Wählen Sie die Gang- oder Laufart, die Ihnen am besten liegt. Im weiteren Verlauf Ihres Trainings sollten Sie dann bequem joggen können.

Der 15-Monate-Trainingsplan für Gruppe 3

1. Periode

Ziele: Ermittlung der Pulswerte mittels Smart-Test
Beginn des 3L-Trainings

2. Periode

Ziele: Anpassung an mittellange GA-Einheiten
Kontrolle der Entwicklung mittels Stufentest

3. Periode

Ziele: Anpassung an längere GA-Einheiten mittels Kombination von Laufen und Radfahren

4. Periode

Ziele: Absolvierung längerer Laufdistanzen
Kraftausdauertraining
Kontrolle der Entwicklung mittels Stufentest

5. Periode

Ziele: Leistungstraining mit KA- und EB-Einheiten
Probelauf
Vorbereitung auf den Marathon

Gestaltung der 1. Periode												
Beginn:												
13.09.1999	Mo											
Woche*	37	38	39	40	41	42	43	44	45	46	47	48
Var. 1	x	x	x		x		x		x			
Var. 2						x				x	x	
Reg.				x				x				x

Woche*: 37. Kalenderwoche = 1. Trainingswoche

Wochentag	Variante 1	Variante 2	Regeneration
Mo			
Di		Lga 0:35	
Mi	Vga 0:30	Vga 0:45	Vga 0:40
Do			
Fr			
Sa	Lga 0:25	Lga 0:35	Lga 0:40
So	Lga 0:35	Lga 0:45	

Name:	Frank Manhattan					
Datum	**Tag**	**Puls**	**Gewicht**	**Trainings-Plan**	**Training-Ist**	**Bemerkungen**
						1. Periode
13.09.1999	Mo					**noch 60 Wochen**
14.09.1999	Di					Smart-Test
15.09.1999	Mi			Vga 0:30		Visualisierung
16.09.1999	Do					
17.09.1999	Fr					Sauna
18.09.1999	Sa			Lga 0:25		
19.09.1999	So			Lga 0:35		Standard-Lauftest
20.09.1999	Mo					
21.09.1999	Di					
22.09.1999	Mi			Vga 0:30		

Datum	Tag	Puls	Gewicht	Trainings-Plan	Training-Ist	Bemerkungen
23.09.1999	Do					
24.09.1999	Fr					Sauna
25.09.1999	Sa			Lga 0:25		
26.09.1999	So			Lga 0:35		
27.09.1999	Mo					
28.09.1999	Di					
29.09.1999	Mi			Vga 0:30		Visualisierung
30.09.1999	Do					
1.10.1999	Fr					Sauna
2.10.1999	Sa			Lga 0:25		
3.10.1999	So			Lga 0:35		
4.10.1999	Mo					
5.10.1999	Di					
6.10.1999	Mi			Vga 0:40		
7.10.1999	Do					
8.10.1999	Fr					Sauna
9.10.1999	Sa			Lga 0:40		
10.10.1999	So					
11.10.1999	Mo					**noch 56 Wochen**
12.10.1999	Di					
13.10.1999	Mi			Vga 0:30		Visualisierung
14.10.1999	Do					
15.10.1999	Fr					Sauna
16.10.1999	Sa			Lga 0:25		Smart-Test
17.10.1999	So			Lga 0:35		Standard-Lauftest
18.10.1999	Mo					
19.10.1999	Di			Lga 0:35		
20.10.1999	Mi			Vga 0:45		
21.10.1999	Do					
22.10.1999	Fr					Sauna
23.10.1999	Sa			Lga 0:35		
24.10.1999	So			Lga 0:45		
25.10.1999	Mo					
26.10.1999	Di					
27.10.1999	Mi			Vga 0:30		Visualisierung

Datum	Tag	Puls	Gewicht	Trainings-Plan	Training-Ist	Bemerkungen
28.10.1999	Do					
29.10.1999	Fr					Sauna
30.10.1999	Sa			Lga 0:25		
31.10.1999	So			Lga 0:35		
1.11.1999	Mo					
2.11.1999	Di					
3.11.1999	Mi			Vga 0:40		
4.11.1999	Do					
5.11.1999	Fr					Sauna
6.11.1999	Sa			Lga 0:40		
7.11.1999	So					
8.11.1999	Mo					**noch 52 Wochen**
9.11.1999	Di					
10.11.1999	Mi			Vga 0:30		Visualisierung
11.11.1999	Do					
12.11.1999	Fr					Sauna
13.11.1999	Sa			Lga 0:25		Smart-Test
14.11.1999	So			Lga 0:35		Standard-Lauftest
15.11.1999	Mo					
16.11.1999	Di			Lga 0:35		
17.11.1999	Mi			Vga 0:45		
18.11.1999	Do					
19.11.1999	Fr					Sauna
20.11.1999	Sa			Lga 0:35		
21.11.1999	So			Lga 0:45		
22.11.1999	Mo					
23.11.1999	Di			Lga 0:35		
24.11.1999	Mi			Vga 0:45		Visualisierung
25.11.1999	Do					
26.11.1999	Fr					Sauna
27.11.1999	Sa			Lga 0:35		
28.11.1999	So			Lga 0:45		
29.11.1999	Mo					
30.11.1999	Di					
1.12.1999	Mi			Vga 0:40		

Datum	Tag	Puls	Gewicht	Trainings-Plan	Training-Ist	Bemerkungen
2.12.1999	Do					
3.12.1999	Fr					Sauna
4.12.1999	Sa			Lga 0:40		
5.12.1999	So					

Gestaltung der 2. Periode												
Beginn:												
6.12.1999	Mo											
Woche	49	50	51	52	1	2	3	4	5	6	7	8
Var. 1	x	x	x		x		x		x			
Var. 2						x				x	x	
Reg.				x				x				x

Wochentag	Variante 1	Variante 2	Regeneration
Mo			
Di		Lga 0:50	
Mi	Vga 1:10h	Vga 1:30h	Vga 1:30
Do			
Fr			
Sa	Lga 0:45	Lga 1:10	Lga 1:20
So	Lga 1h	Lga 1:30	

Name:	Frank Manhattan					
Datum	**Tag**	**Puls**	**Gewicht**	**Trainings-Plan**	**Training-Ist**	**Bemerkungen**
						2. Periode
6.12.1999	Mo					**noch 48 Wochen**
7.12.1999	Di					
8.12.1999	Mi			Vga 1:10h		Visualisierung
9.12.1999	Do					
10.12.1999	Fr					Sauna
11.12.1999	Sa			Lga 0:45		Smart-Test
12.12.1999	So			Lga 1h		Standard-Lauftest
13.12.1999	Mo					
14.12.1999	Di					
15.12.1999	Mi			Vga 1:10h		
16.12.1999	Do					
17.12.1999	Fr					Sauna
18.12.1999	Sa			Lga 0:45		
19.12.1999	So			Lga 1h		
20.12.1999	Mo					
21.12.1999	Di					
22.12.1999	Mi			Vga 1:10h		Visualisierung
23.12.1999	Do					
24.12.1999	Fr					Sauna
25.12.1999	Sa			Lga 0:45		
26.12.1999	So			Lga 1h		
27.12.1999	Mo					
28.12.1999	Di					
29.12.1999	Mi			Vga 1:30		
30.12.1999	Do					
31.12.1999	Fr					Sauna
1.01.2000	Sa			Lga 1:20		
2.01.2000	So					
3.01.2000	Mo					**noch 44 Wochen**
4.01.2000	Di					
5.01.2000	Mi			Vga 1:10h		Visualisierung
6.01.2000	Do					**Laktatstufentest**
7.01.2000	Fr					Sauna

Datum	**Tag**	**Puls**	**Gewicht**	**Trainings-Plan**	**Training-Ist**	**Bemerkungen**
8.01.2000	Sa			Lga 0:45		
9.01.2000	So			Lga 1h		Standard-Lauftest
10.01.2000	Mo					
11.01.2000	Di			Lga 0:50		
12.01.2000	Mi			Vga 1:30h		
13.01.2000	Do					
14.01.2000	Fr					Sauna
15.01.2000	Sa			Lga 1:10		
16.01.2000	So			Lga 1:30		
17.01.2000	Mo					
18.01.2000	Di					
19.01.2000	Mi			Vga 1:10h		Visualisierung
20.01.2000	Do					
21.01.2000	Fr					Sauna
22.01.2000	Sa			Lga 0:45		
23.01.2000	So			Lga 1h		
24.01.2000	Mo					
25.01.2000	Di					
26.01.2000	Mi			Vga 1:30		
27.01.2000	Do					
28.01.2000	Fr					Sauna
29.01.2000	Sa			Lga 1:20		
30.01.2000	So					
31.01.2000	Mo					**noch 40 Wochen**
1.02.2000	Di					
2.02.2000	Mi			Vga 1:10h		Visualisierung
3.02.2000	Do					
4.02.2000	Fr					Sauna
5.02.2000	Sa			Lga 0:45		
6.02.2000	So			Lga 1h		Standard-Lauftest
7.02.2000	Mo					
8.02.2000	Di			Lga 0:50		
9.02.2000	Mi			Vga 1:30h		
10.02.2000	Do					
11.02.2000	Fr					Sauna

Datum	Tag	Puls	Gewicht	Trainings-Plan	Training-Ist	Bemerkungen
12.02.2000	Sa			Lga 1:10		
13.02.2000	So			Lga 1:30		
14.02.2000	Mo					
15.02.2000	Di			Lga 0:50		
16.02.2000	Mi			Vga 1:30h		Visualisierung
17.02.2000	Do					
18.02.2000	Fr					Sauna
19.02.2000	Sa			Lga 1:10		
20.02.2000	So			Lga 1:30		
21.02.2000	Mo					
22.02.2000	Di					
23.02.2000	Mi			Vga 1:30		
24.02.2000	Do					
25.02.2000	Fr					Sauna
26.02.2000	Sa			Lga 1:20		
27.02.2000	So					

Gestaltung der 3. Periode												
Beginn:												
28.02.2000	Mo											
Woche	9	10	11	12	13	14	15	16	17	18	19	20
Var. 1						x				x	x	
Var. 2	x	x	x		x		x		x			
Reg.				x				x				x

Wochentag	Variante 1	Variante 2	Regeneration
Mo			
Di		Lga 1h	
Mi	Vga 1h	Vga 1:30h	Vga 1h
Do			
Fr			
Sa	Lga 1:30h	Lga 1h	Lga 1h
So	Lga 1:40+Vga 1:30h	Lga 1:20+Vga 1h	

Name:	Frank Manhattan					
Datum	**Tag**	**Puls**	**Gewicht**	**Trainings-Plan**	**Training-Ist**	**Bemerkungen**
						3. Periode
28.02.2000	Mo					**noch 36 Wochen**
29.02.2000	Di			Lga 1h		
1.03.2000	Mi			Vga 1:30h		Visualisierung
2.03.2000	Do					
3.03.2000	Fr					Sauna
4.03.2000	Sa			Lga 1h		
5.03.2000	So			Lga 1:20+Vga 1h		Standard-Lauftest
6.03.2000	Mo					
7.03.2000	Di			Lga 1h		
8.03.2000	Mi			Vga 1:30h		
9.03.2000	Do					
10.03.2000	Fr					Sauna
11.03.2000	Sa			Lga 1h		
12.03.2000	So			Lga 1:20+Vga 1h		
13.03.2000	Mo					
14.03.2000	Di			Lga 1h		
15.03.2000	Mi			Vga 1:30h		Visualisierung
16.03.2000	Do					
17.03.2000	Fr					Sauna
18.03.2000	Sa			Lga 1h		
19.03.2000	So			Lga 1:20+Vga 1h		
20.03.2000	Mo					

Datum	Tag	Puls	Gewicht	Trainings-Plan	Training-Ist	Bemerkungen
21.03.2000	Di					
22.03.2000	Mi			Vga 1h		
23.03.2000	Do					
24.03.2000	Fr					Sauna
25.03.2000	Sa			Lga 1h		
26.03.2000	So					
27.03.2000	Mo					**noch 32 Wochen**
28.03.2000	Di			Lga 1h		
29.03.2000	Mi			Vga 1:30h		Visualisierung
30.03.2000	Do					
31.03.2000	Fr					Sauna
1.04.2000	Sa			Lga 1h		
2.04.2000	So			Lga 1:20+Vga 1h		Standard-Lauftest
3.04.2000	Mo					
4.04.2000	Di					
5.04.2000	Mi			Vga 1h		
6.04.2000	Do					
7.04.2000	Fr					Sauna
8.04.2000	Sa			Lga 1:30h		
9.04.2000	So			Lga 1:40+Vga 1:30h		
10.04.2000	Mo					
11.04.2000	Di			Lga 1h		
12.04.2000	Mi			Vga 1:30h		Visualisierung
13.04.2000	Do					
14.04.2000	Fr					Sauna
15.04.2000	Sa			Lga 1h		
16.04.2000	So			Lga 1:20+Vga 1h		
17.04.2000	Mo					
18.04.2000	Di					
19.04.2000	Mi			Vga 1h		
20.04.2000	Do					
21.04.2000	Fr					Sauna
22.04.2000	Sa			Lga 1h		
23.04.2000	So					
24.04.2000	Mo					**noch 28 Wochen**

Datum	Tag	Puls	Gewicht	Trainings-Plan	Training-Ist	Bemerkungen
25.04.2000	Di			Lga 1h		
26.04.2000	Mi			Vga 1:30h		Visualisierung
27.04.2000	Do					
28.04.2000	Fr					Sauna
29.04.2000	Sa			Lga 1h		
30.04.2000	So			Lga 1:20+Vga 1h		Standard-Lauftest
1.05.2000	Mo					
2.05.2000	Di					
3.05.2000	Mi			Vga 1h		
4.05.2000	Do					
5.05.2000	Fr					Sauna
6.05.2000	Sa			Lga 1:30h		
7.05.2000	So			Lga 1:40+Vga 1:30h		
8.05.2000	Mo					
9.05.2000	Di					
10.05.2000	Mi			Vga 1h		Visualisierung
11.05.2000	Do					
12.05.2000	Fr					Sauna
13.05.2000	Sa			Lga 1:30h		
14.05.2000	So			Lga 1:40+Vga 1:30h		
15.05.2000	Mo					
16.05.2000	Di					
17.05.2000	Mi			Vga 1h		
18.05.2000	Do					
19.05.2000	Fr					Sauna
20.05.2000	Sa			Lga 1h		
21.05.2000	So					

Gestaltung der 4. Periode												
Beginn:												
22.05.2000	Mo											
Woche	21	22	23	24	25	26	27	28	29	30	31	32
Var. 1	x	x	x		x		x		x			
Var. 2						x				x	x	
Reg.				x				x				x

Wochentag	Variante 1	Variante 2	Regeneration
Mo			
Di		Lka 1h	
Mi	Lka 1:10	Vga 1:30h	Vga 1:30h
Do			
Fr			
Sa	Lga 1:40h	Lga 1h	Lga 1h
So	Lga 2h	Lga 2h+Vga 1h	

Name:	Frank Manhattan					
Datum	**Tag**	**Puls**	**Gewicht**	**Trainings-Plan**	**Training-Ist**	**Bemerkungen**
						4. Periode
22.05.2000	Mo					**noch 24 Wochen**
23.05.2000	Di					
24.05.2000	Mi			Lka 1:10		Visualisierung
25.05.2000	Do					
26.05.2000	Fr					Sauna
27.05.2000	Sa			Lga 1:40h		
28.05.2000	So			Lga 2h		Standard-Lauftest
29.05.2000	Mo					
30.05.2000	Di					
31.05.2000	Mi			Lka 1:10		
1.06.2000	Do					

Datum	Tag	Puls	Gewicht	Trainings-Plan	Training-Ist	Bemerkungen
2.06.2000	Fr					Sauna
3.06.2000	Sa			Lga 1:40h		
4.06.2000	So			Lga 2h		
5.06.2000	Mo					
6.06.2000	Di					
7.06.2000	Mi			Lka 1:10		Visualisierung
8.06.2000	Do					
9.06.2000	Fr					Sauna
10.06.2000	Sa			Lga 1:40h		
11.06.2000	So			Lga 2h		
12.06.2000	Mo					
13.06.2000	Di					
14.06.2000	Mi			Vga 1:30h		
15.06.2000	Do					
16.06.2000	Fr					Sauna
17.06.2000	Sa			Lga 1h		
18.06.2000	So					
19.06.2000	Mo					**noch 20 Wochen**
20.06.2000	Di					**Laktatstufentest**
21.06.2000	Mi			Lka 1:10		Visualisierung
22.06.2000	Do					
23.06.2000	Fr					Sauna
24.06.2000	Sa			Lga 1:40h		
25.06.2000	So			Lga 2h		Standard-Lauftest
26.06.2000	Mo					
27.06.2000	Di			Lka 1h		
28.06.2000	Mi			Vga 1:30h		
29.06.2000	Do					
30.06.2000	Fr					Sauna
1.07.2000	Sa			Lga 1h		
2.07.2000	So			Lga 2h+Vga 1h		
3.07.2000	Mo					
4.07.2000	Di					
5.07.2000	Mi			Lka 1:10+abc*		Visualisierung

* abc = Kleines Lauf-Abc (siehe Seite 72)

Datum	Tag	Puls	Gewicht	Trainings-Plan	Training-Ist	Bemerkungen
6.07.2000	Do					
7.07.2000	Fr					Sauna
8.07.2000	Sa			Lga 1:40h		
9.07.2000	So			Lga 2h		
10.07.2000	Mo					
11.07.2000	Di					
12.07.2000	Mi			Vga 1:30h		
13.07.2000	Do					
14.07.2000	Fr					Sauna
15.07.2000	Sa			Lga 1h		
16.07.2000	So					
17.07.2000	Mo					**noch 16 Wochen**
18.07.2000	Di					
19.07.2000	Mi			Lka 1:10+abc		Visualisierung
20.07.2000	Do					
21.07.2000	Fr					Sauna
22.07.2000	Sa			Lga 1:40h		
23.07.2000	So			Lga 2h		Standard-Lauftest
24.07.2000	Mo					
25.07.2000	Di			Lka 1h		
26.07.2000	Mi			Vga 1:30h		
27.07.2000	Do					
28.07.2000	Fr					Sauna
29.07.2000	Sa			Lga 1h		
30.07.2000	So			Lga 2h+Vga 1h		
31.07.2000	Mo					
1.08.2000	Di			Lka 1h+abc		
2.08.2000	Mi			Vga 1:30h		Visualisierung
3.08.2000	Do					
4.08.2000	Fr					Sauna
5.08.2000	Sa			Lga 1h		
6.08.2000	So			Lga 2h+Vga 1h		
7.08.2000	Mo					
8.08.2000	Di					
9.08.2000	Mi			Vga 1:30h		

Datum	Tag	Puls	Gewicht	Trainings-Plan	Training-Ist	Bemerkungen
10.08.2000	Do					
11.08.2000	Fr					Sauna
12.08.2000	Sa			Lga 1h		
13.08.2000	So					

Gestaltung der 5. Periode												
Beginn:												
14.08.2000	Mo											
Woche	33	34	35	36	37	38	39	40	41	42	43	44
Var. 1	x		x			x					x	
Var. 2		x			x		x		x	x		
Reg.				x				x				x

Wochentag	Variante 1	Variante 2	Regeneration
Mo			
Di		Leb 3-5x4min.	
Mi	Lka 1h	Lka 0:50	Vga 1:30h
Do			
Fr			
Sa	Lga 1:20h	Lga 1h	Lga 1h
So	Lga 2:30h	Lga 2h+Vga 1h	

Name:	Frank Manhattan					
Datum	**Tag**	**Puls**	**Gewicht**	**Trainings-Plan**	**Training-Ist**	**Bemerkungen**
						5. Periode
14.08.2000	Mo					**noch 12 Wochen**
15.08.2000	Di					
16.08.2000	Mi			Lka 1h+abc		Visualisierung
17.08.2000	Do					
18.08.2000	Fr					Sauna
19.08.2000	Sa			Lga 1:20h		
20.08.2000	So			Lga 2:30h		Standard-Lauftest
21.08.2000	Mo					
22.08.2000	Di			Leb 3-5x4min.		
23.08.2000	Mi			Lka 0:50		
24.08.2000	Do					
25.08.2000	Fr					Sauna
26.08.2000	Sa			Lga 1h		
27.08.2000	So			**Lga 3h**		Ernährung testen
28.08.2000	Mo					
29.08.2000	Di					
30.08.2000	Mi			Lka 1h+abc		Visualisierung
31.08.2000	Do					
1.09.2000	Fr					Sauna
2.09.2000	Sa			Lga 1:20h		
3.09.2000	So			Lga 2:30h		
4.09.2000	Mo					
5.09.2000	Di					
6.09.2000	Mi			Vga 1:30h		
7.09.2000	Do					
8.09.2000	Fr					Sauna
9.09.2000	Sa			Lga 1h		
10.09.2000	So					
11.09.2000	Mo					noch 8 Wochen
12.09.2000	Di			Leb 3-5x4min.		
13.09.2000	Mi			Lka 0:50+abc		Visualisierung
14.09.2000	Do					
15.09.2000	Fr					Sauna

Datum	Tag	Puls	Gewicht	Trainings-Plan	Training-Ist	Bemerkungen
16.09.2000	Sa			Lga 1h		
17.09.2000	So			**Lga 3:10h**		Ernährung testen
18.09.2000	Mo					
19.09.2000	Di					
20.09.2000	Mi			Lka 1h		
21.09.2000	Do					
22.09.2000	Fr					Sauna
23.09.2000	Sa			Lga 1:20h		
24.09.2000	So			Lga 2:30h		
25.09.2000	Mo					
26.09.2000	Di			Leb 3-5x4min.		
27.09.2000	Mi			Lka 0:50+abc		Visualisierung
28.09.2000	Do					
29.09.2000	Fr			Lka 0:30		Sauna
30.09.2000	Sa					
1.10.2000	So			**Wettkampfluft schnuppern**		**lokaler Halbmarathon**
2.10.2000	Mo					
3.10.2000	Di					
4.10.2000	Mi			Vga 1:30h		
5.10.2000	Do					
6.10.2000	Fr					Sauna
7.10.2000	Sa			Lga 1h		
8.10.2000	So					
9.10.2000	Mo					**noch 4 Wochen**
10.10.2000	Di			Leb 3-5x4min.		
11.10.2000	Mi			Lka 0:50+abc		Visualisierung
12.10.2000	Do					
13.10.2000	Fr					Sauna
14.10.2000	Sa			Lga 1h		
15.10.2000	So			Lga 2h+Vga 1h		
16.10.2000	Mo					
17.10.2000	Di			Leb 3-5x4min.		
18.10.2000	Mi			Lka 0:50		
19.10.2000	Do					

Datum	Tag	Puls	Gewicht	Trainings-Plan	Training-Ist	Bemerkungen
20.10.2000	Fr					Sauna
21.10.2000	Sa			Lga 1h		
22.10.2000	So			Lga 2h+Vga 1h		
23.10.2000	Mo					**noch 2 Wochen**
24.10.2000	Di					
25.10.2000	Mi			Lka 1h		Visualisierung
26.10.2000	Do					
27.10.2000	Fr					
28.10.2000	Sa			Lga 2h		
29.10.2000	So					Flug nach USA
30.10.2000	Mo					**noch 1 Woche**
31.10.2000	Di			Lga 1:20		
1.11.2000	Mi					
2.11.2000	Do			Lka 0:30		Visualisierung
3.11.2000	Fr					Essen, ausruhen
4.11.2000	Sa					Früh ins Bett
5.11.2000	So			**NYC-Marathon**		**Ins Ziel laufen!**

Kernaussagen

1. Die Trainingseinheiten gehören in den gleichen Kalender wie die beruflichen und privaten Termine.
2. Die richtige Intensität ist wichtiger als ein ausgeklügelter Trainingsplan.
3. Die Regeln der Trainingsplanung fließen soweit möglich in Ihren persönlichen Plan ein.
4. Ihre individuellen Gegebenheiten und Ausgangsbedingungen sind Eckpfeiler Ihres Trainingsplans.

Regeneration

Der Duden erklärt Regeneration als «Erholung/Wiederherstellung». Nehmen wir ihn also beim Wort:

Sie sollen sich ausreichend von Ihrem Training erholen, insbesondere von den intensiven EB-Einheiten, damit Ihr Körper sich «wiederherstellen» kann. Was heißt das nun konkret?

Je besser das Prinzip von Anspannung und Entspannung umgesetzt wird, desto größer sind die Leistungssteigerungen.

Ausruhen und Entspannen zählen nicht gerade zu den Zentralprinzipien unserer heutigen Leistungsgesellschaft. Getreu der Devise «Höher, schneller, weiter» bleiben der zufriedene Rückblick auf Geleistetes und das unbeschwerte Genießen von Erfolgen meist auf der Strecke. Kaum ist ein Ziel erreicht, wartet schon das nächste. Kaum neigt sich das erfolgreiche Geschäftsjahr dem Ende zu, wird die Meßlatte für das neue Jahr höher gelegt. Im Geschäftsleben mag das für ein paar Jahre funktionieren, doch bei unserem Körper haben wir es nun mal mit «Natur» zu tun, und die basiert immer auf dem Wechselspiel von Gegensätzen (Tag und Nacht, Ebbe und Flut, Sommer und Winter).

Im Alltag unserer Leistungsgesellschaft wird das Prinzip von Anspannung und Entspannung fast immer ignoriert. Die tägliche Reizüberflutung überfordert unser Verarbeitungspotential immer krasser. Sport stellt für Berufstätige einen der wenigen Bereiche dar, den akustischen, visuellen und anderen Informationsreizen einen körperlichen Ausgleich entgegenzusetzen. Das funktioniert aber nur, solange das Training nicht zu intensiv ist. Auch Trainingsreize sind Reize, die zuallererst verkraftet und verarbeitet werden müssen.

Ich war als Laufanfänger der Überzeugung, daß mit dem eigentlichen Training ein leistungssteigernder Effekt herbeigeführt wird, d. h. daß ich durch das Training besser werde. Dem ist jedoch nicht so: Der Körper wird zunächst einmal durch das Training in ein Ungleichgewicht gebracht – er wird geschwächt!

Erst nach Beendigung einer Trainingsphase reagiert der gesunde Körper auf den Trainingsreiz mit vielfältigen und komplexen Anpassungsvorgängen. Er ist bestrebt, das vor dem Training vorhandene körperliche Gleichgewicht wiederherzustellen, sich zu regenerieren. Wie aber kommt dann überhaupt eine Leistungssteigerung zustande?

Unser Körper strebt mit seinem «Anpassungsprogramm» nicht die Wiederherstellung des Normalzustands (Zustand vor dem Training) an, sondern besitzt die wunderbare Gabe, sich über das nötige Maß hinaus zu regenerieren. Man könnte sagen, er baut für zukünftige höhere Belastungen vor: «Heute wurde ich mit sechs Kilometern auf Trab gehalten, morgen könnten es mehr werden.»

Diese Vorsorgemaßnahme unseres Körpers wird in der Trainingslehre als **Superkompensation** bezeichnet. Ohne sie gäbe es keine leistungssteigernden Effekte. Wir trainieren also, um unseren Körper zu reizen (und vorübergehend zu schwächen) und ihn danach auf ein höheres Level zu «treiben».

Dieser Anpassungsprozeß nach oben durch Superkompensation funktioniert aber nur bei ausreichender und gezielter Regeneration. Wie die Grafik verdeutlicht, ist die Regenerationszeit wesentlich länger als die eigentliche Trainingszeit.

Die Tabelle auf der nächsten Seite soll Ihnen eine Vorstellung geben, wie lange Ihr Körper noch mit dem gerade absolvierten Lauftraining beschäftigt ist:

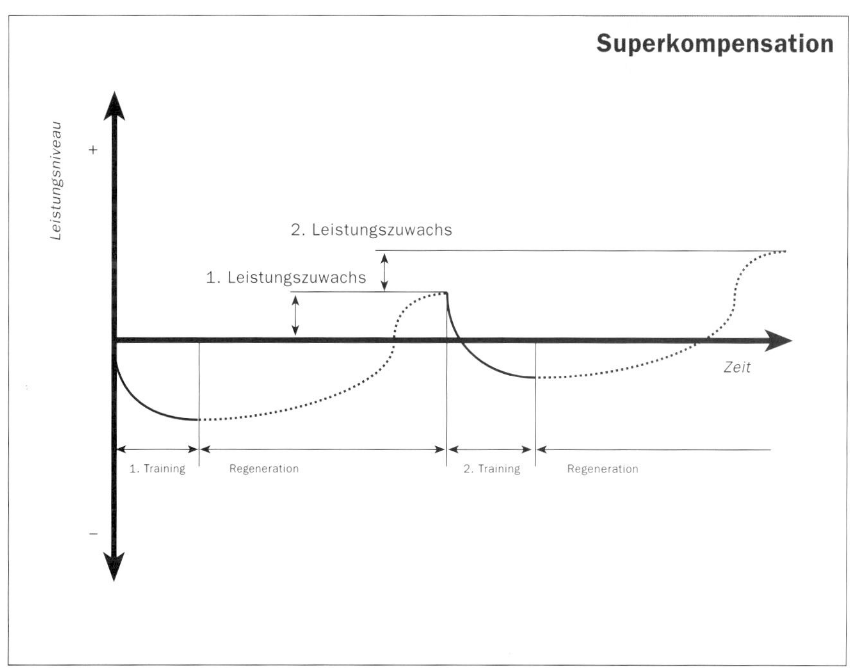

Phasen der Regeneration

Phase	Dauer nach Beendigung des Trainings	Prozesse
frühe Phase	bis 6 Stunden	Absinken der Herzfrequenz Abbau von Laktat (bei intensiveren Belastungen)
späte Phase	6–36 Stunden	Regeneration von Binde- und Stützgewebe
		Auffüllen von Muskel- und Leberglykogen Ausgleich verlorener Salze (Natrium, Kalium)
Phase der Superkompensation	2–5 Tage	Ausgleich von verbrauchten Muskelenzymen und Elektrolyten (Magnesium, Eisen)
		Superkompensation der Glykogenspeicher Neuaufbau von Struktureiweiß

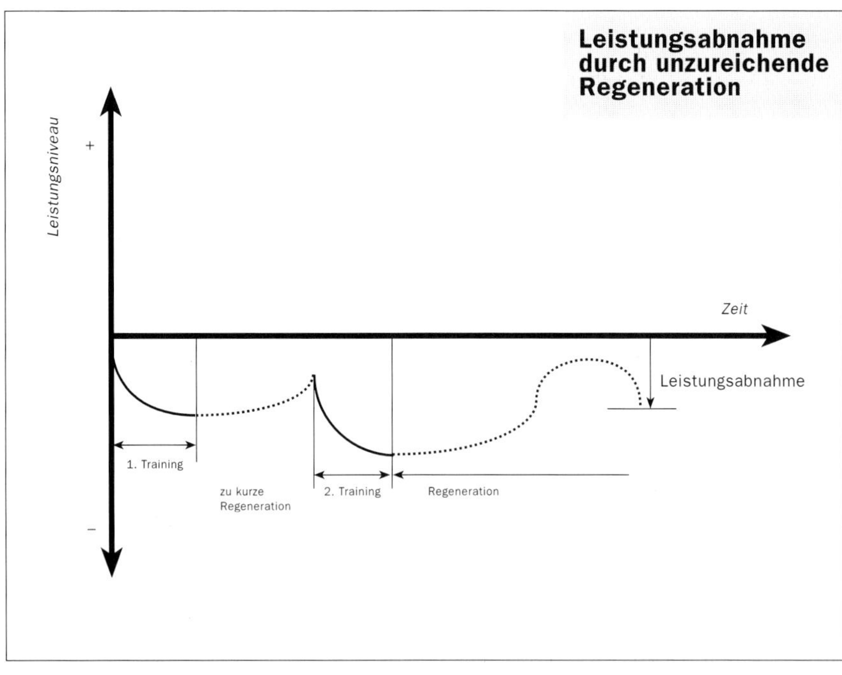

Der Effekt der Superkompensation wird nivelliert, d. h. bildet sich nach einer weiteren Zeitspanne wieder zurück, wenn nicht ein neuer Trainingsreiz gesetzt wird. Dies erscheint logisch, denn sonst hätten wir mit ein paar Lauftrainings für Lebzeiten ausgesorgt.

Geben wir unserem Körper nicht ausreichend Zeit für sein Anpassungsprogramm oder wird zu intensiv trainiert, dann stagniert das Leistungsniveau oder sinkt sogar. Dies ist bei beruflich stark beanspruchten Menschen keine Seltenheit. Vertrauen Sie auch hier auf das 3L-Training.

Wie können wir also eine ausreichende Regeneration gewährleisten?

Regenerationsmaßnahmen

Folgende Maßnahmen sind in Ihrer Trainingsplanung zu berücksichtigen:

1. Ruhemonat
Einen Ruhemonat haben wir bei der sechs-, neun- bzw. fünfzehnmonatigen Trainingsplanung noch nicht berücksichtigt. Da ich aber davon ausgehe, daß Sie viel Spaß am Laufen und gerade auch an Marathonläufen bekommen (von denen es viele reizvolle gibt, s. Anhang), ist übers Jahr betrachtet ein Ruhemonat sinnvoll. Er dient primär dazu, den hochbeanspruchten Sehnen, Bändern und Gelenken Gelegenheit zu geben, einmal Urlaub zu machen. Auch für die Psyche ist es erholsam, einmal im Jahr für einige Wochen Urlaub vom Laufen zu machen. Im Jahresverlauf bietet sich der Spätherbst, z. B. der November, an, falls Ihr nächster Marathon in den Sommermonaten liegt. Vier Wochen wären gut, für absolut Quirlige und Bewegungssüchtige tun es auch drei Wochen. Ruhemonat heißt ja nicht, daß Sie überhaupt keinen Sport treiben sollen. Sie nehmen lediglich Abstand von Ihrer angestammten Sportart. Als Ausgleich in diesen Wochen bieten sich die Ausdauersportarten Schwimmen und Radfahren an – aber nur, wenn diese nicht sowieso schon Teil Ihres Trainingsplans sind. Weitere Alternativen wären Skilanglauf oder Rollerskating. Auch Spielsportarten wie Volleyball, Badminton und Tennis kommen in Frage, falls sie nicht exzessiv betrieben werden. Spaß steht im Vordergrund. Und wer nur die Füße hochlegen will: bitte!

2. Regenerationswochen
Trainingswochen und Regenerationswochen lösen sich im 3:1-Rhythmus ab. In den Regenerationswochen sind Umfänge und Intensitäten deutlich reduziert.

3. Ruhetage
Diese haben wir ebenfalls in der Trainingsplanung verankert. Zwei Ruhetage pro Woche sollten auch Läuferinnen und Läufer einplanen, die mehr Zeit für das Training zur Verfügung haben. Nochmals zur Erinnerung: Ruhetag heißt *keinerlei* sportliche oder auch andere körperlich beanspruchende Tätigkeiten. Ruhetage sind ideal für

aktive Regenerationsmaßnahmen wie Sauna oder Massage. Eine therapeutische Massage ist eine Serie von speziellen Handgriffen, die auf das Bindegewebe des Körpers angewendet werden, um einen positiven Einfluß auf Kreislauf, Muskulatur und Nervensystem auszuüben. Die Massage nach dem Training oder dem Wettkampf fördert die Entschlackung und hilft, Spannungen und Muskelreizungen zu verhindern. Ich gehe einmal pro Woche zur Massage und kombiniere dies noch mit zwei oder drei Saunagängen. Ich fühle mich hinterher «pudelwohl» und voller Energie. Saunen ist nur sinnvoll, wenn dies regelmäßig geschieht. Es hat keinen Sinn, mal eben in die Sauna zu gehen oder nur in den Wintermonaten, um Erkältungen vorzubeugen. Das funktioniert nur, wenn der Saunagang für den Körper zur «Grundversorgung» zählt. Wer Sauna zur Regeneration nutzt, der sollte auch im Sommer wenigstens jede zweite Woche die Sauna aufsuchen.

Folgende Maßnahmen sind nach dem Training (und auch nach einem Marathon) durchzuführen:

Auslaufen und Stretching Jede Trainingseinheit sollte in einer Cool-Down-Phase enden. Das Tempo wird verringert, um die Einheit langsam ausklingen zu lassen, etwa durch Gehen auf den letzten 200–300 Metern. Anschließend erfolgt ein Stretching-Programm, bei dem die besonders beanspruchten Muskelgruppen gedehnt werden.

Die sechs Übungen des **Minimal-Stretch** stellen das absolute Minimum dar, das nach jeder Laufeinheit zu absolvieren ist. Auch das erfordert natürlich etwas Disziplin, denn eigentlich möchte man sofort nach dem Lauf nichts als faul sein, die Beine hochlegen. «Stretching – muß das wirklich sein?» Ja, es muß. Gönnen Sie Ihrer Muskulatur diese regenerationsfördernde Maßnahme direkt nach dem Training. Eine ständig gleichförmig belastete Muskulatur neigt zur Verkürzung, und eine verkürzte Muskulatur ist anfällig für oft langwierige Verletzungen. Diese fünf bis zehn Minuten nach dem Training sind gut investiert.

Der Minimal-Stretch

Nach jeder Lauf- oder Radeinheit!

Jede Dehnübung ca. 20 sec. halten (von 20–40 zählen), nur so weit, bis Sie mäßigen Widerstand verspüren, es dürfen keine stechenden Schmerzen auftreten!!!

Übungen 1, 2, 4, 5 und 6 jeweils rechtes und linkes Bein,

Übungen 1 und 2 jeweils 2mal.

1. Waden

2. vorderer Oberschenkel

3. hinterer Oberschenkel, Gesäß, Rücken

4. hinterer Oberschenkel, Gesäß (Ferse auflegen, z. B. Fenstersims)

5. Gesäßmuskulatur

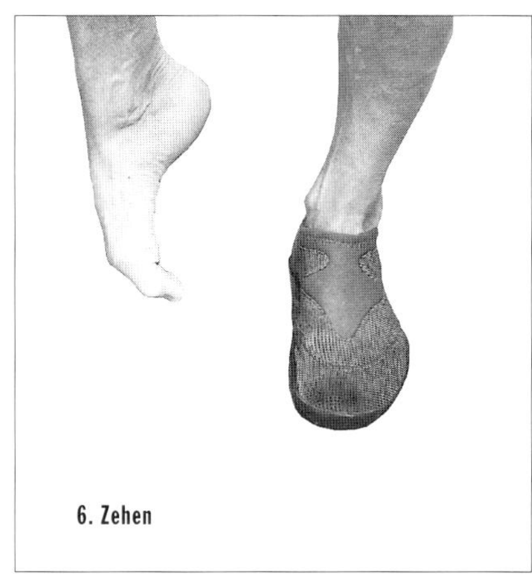
6. Zehen

Der **Optimal-Stretch** ist ein erweitertes Programm, das ca. 20 Minuten benötigt und am besten an einem Ruhetag unterzubringen ist. Einmal pro Woche sollten alle wichtigen Muskelgruppen durch Dehnübungen gepflegt werden, insbesondere dann, wenn bei Ihrem Check-up Einschränkungen der Beweglichkeit festgestellt wurden.

Der Optimal-Stretch
Mindestens 1 x, besser 2 x pro Woche!

Jede Dehnübung ca. 20 sec. halten (von 20–40 zählen), nur so weit, bis Sie mäßigen Widerstand verspüren, es dürfen keine stechenden Schmerzen auftreten!!!

Übungen 3, 4, 5, 7, 8, 9, 10, 11, 13, 14, 15, 16, 18, jeweils rechts und links.

Übungen 10 und 11 jeweils 2mal.

1. Nacken

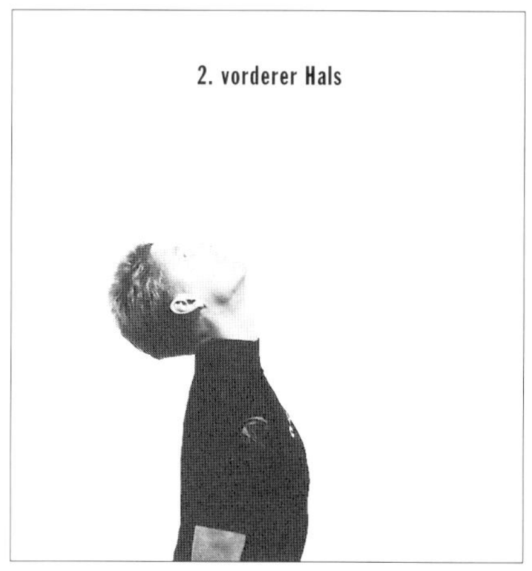
2. vorderer Hals

3. Halsmuskulatur

4. seitl. Rumpfmuskulatur

5. Trizeps

6. Schultergürtel

7. Schulter

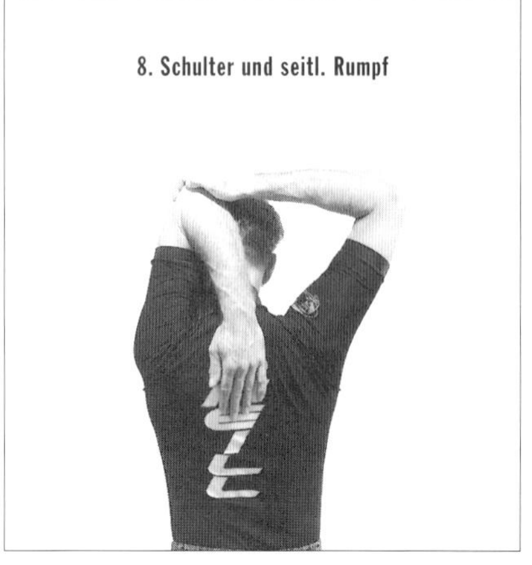

8. Schulter und seitl. Rumpf

9. seitl. Rumpf und Rücken

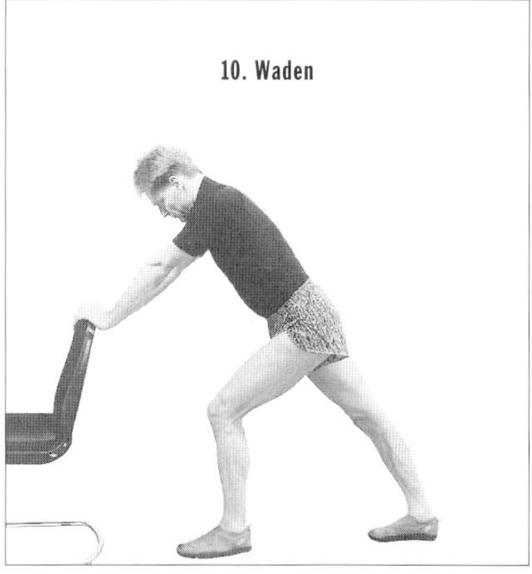

10. Waden

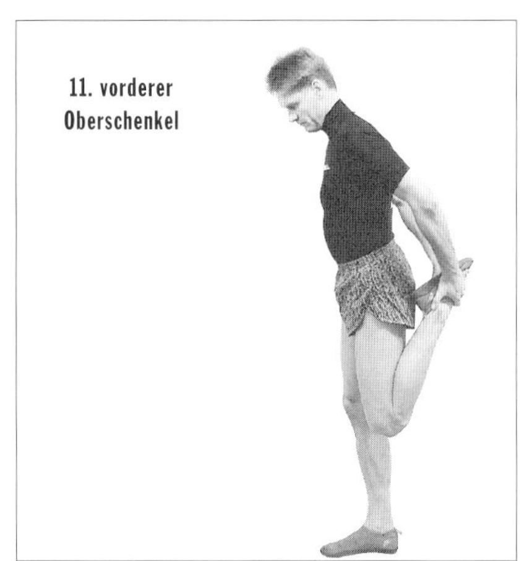

11. vorderer Oberschenkel

12. hinterer Oberschenkel, Gesäß, Rücken

13. hinterer Oberschenkel, Gesäß, Rücken

14. hinterer Oberschenkel, Gesäß (Ferse auflegen, z. B. Fenstersims)

15. Gesäßmuskulatur

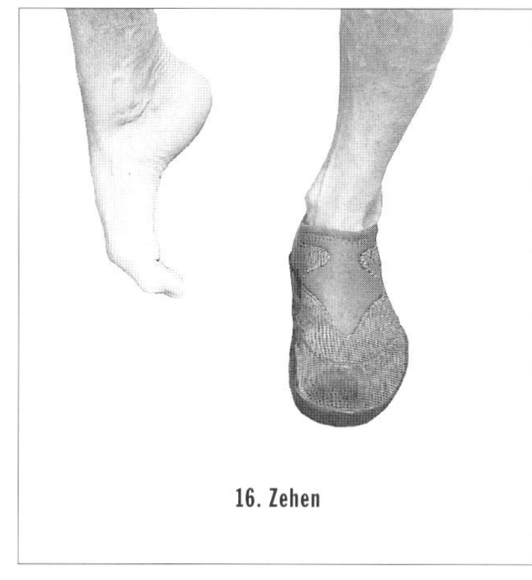
16. Zehen

17. Gesäß, Oberschenkel

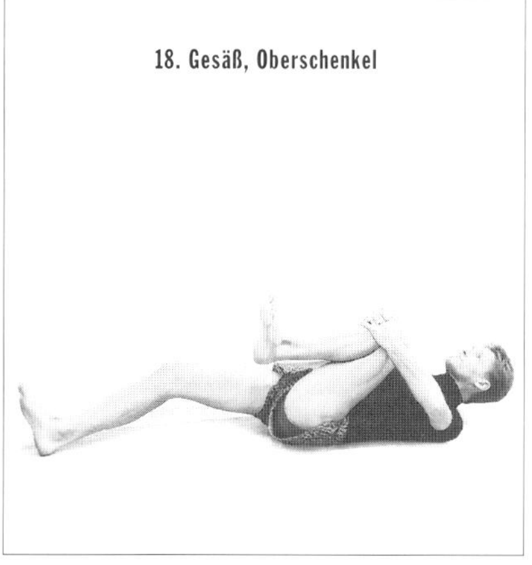
18. Gesäß, Oberschenkel

Wasser und Nahrung Nach dem Cool-Down und dem Stretching gilt es, den Wasserverlust auszugleichen. Auch wenn Sie nicht stark geschwitzt haben und auch keinen großen Durst verspüren, haben Sie Wasser verloren. Wir schwitzen ja pro Nacht auch bis zu 1,5 Liter aus, auch ohne daß wir diesen Feuchtigkeitsverlust morgens spüren oder sehen. Nach einem Lauf sollte man sich sofort zwei, drei große Gläser Wasser gönnen. Zuviel trinken können Sie nicht. (Mehr dazu im Kapitel *Ernährung.*)

Nach den GA-Einheiten gilt: unmittelbar danach erst mal nichts essen.

Nach KA- und EB-Einheiten: Ein kleiner Snack aus vorwiegend mittel- bis langkettigen Kohlenhydraten erleichtert dem Körper die Regeneration; idealer Zeitpunkt: ca. 20 bis 30 Minuten nach dem Training.

Meditation/Entspannungstraining Die Visualisierung kann nicht nur eine Zielvorstellung in unserem Unterbewußtsein verankern, sondern auch ausschließlich zur Entspannung eingesetzt werden. Dabei lenken wir unsere Gedanken nicht aktiv auf eine Zielvorstellung (z. B. Finish des Marathons), sondern lassen ihnen freien Lauf. Auf der im Anhang aufgeführten CD mit Meditationsmusik finden Sie eine geführte Entspannungsübung.

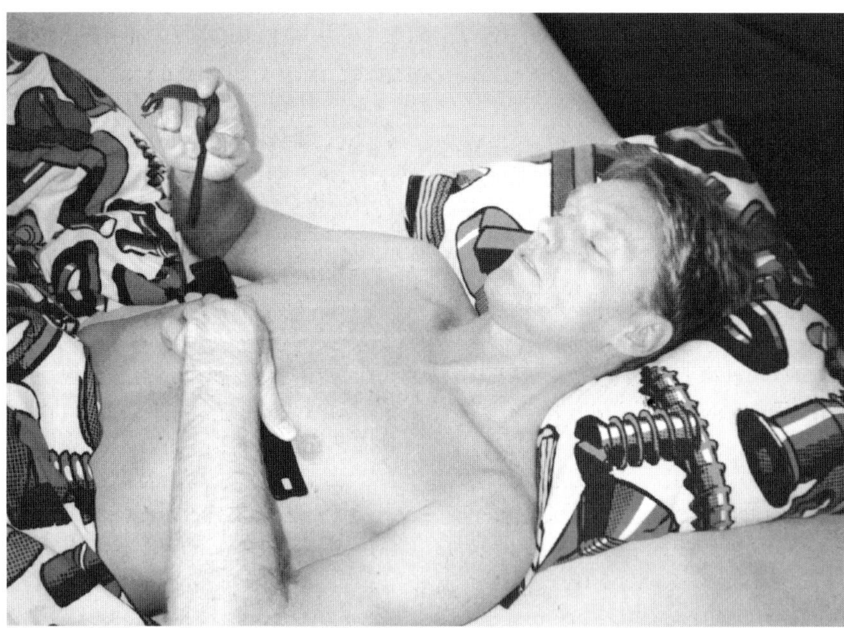

Ruhepulskontrolle

Tägliche Ruhepulskontrolle

Im Trainingsplan finden Sie eine Spalte «Puls»; hier wird der morgendliche Ruhepuls eingetragen, ein Indikator für den Zustand unseres Organismus. Nach dem Weckerklingeln hält man, noch immer liegend, den Gurt des Pulsmessers an die Brust, schaltet die Uhr ein und liest die Herzfrequenz ab. Sinnvollerweise sollte der Aufbewahrungsort für den Pulsmesser der Nachttisch sein. Der gemessene Wert wird im Trainingsprotokoll notiert. Nach einigen Wochen kennen Sie Ihren durchschnittlichen Ruhepuls. Abweichungen von drei bis vier Schlägen vom durchschnittlichen Ruhepuls sind als normal zu bezeichnen. Abweichungen von acht und mehr Schlägen können folgende Gründe haben:

1. Zuwenig Schlaf und/oder zuviel Alkohol.
2. Ein Infekt (z. B. Grippe) belastet den Körper.
3. Die Trainingsreize der Vortage sind noch nicht verdaut.
4. Andere Streßfaktoren, auch psychische, belasten den Körper.

Sie sollten jetzt nicht einfach ungerührt in Ihrem Trainingsplan fortfahren, sondern so lange mit dem Training aussetzen, bis der Ruhepuls wieder seinen Normalwert erreicht hat. Ist der Körper z. B. durch das Bekämpfen eines grippalen Infektes geschwächt, sollten Sie ihn nicht noch zusätzlich durch einen überzogenen Trainingsreiz belasten. Da sich als erstes der Ruhepuls erhöht, ein Frühindikator für Krankheiten, kann es sein, daß Sie sich im Moment der Meßabweichung noch fit und dynamisch fühlen. Warten Sie trotzdem ab, bis die Situation «geklärt» ist. Die ausgefallenen Trainingseinheiten sollten, mit Ausnahme der Schlüsseltrainingseinheiten (Longjoggs Lga +3 h), nicht nachgeholt werden. Gleiches gilt auch bei Trainingsausfall wegen familiärer oder beruflicher Engpässe.

Sollte Sie trotzdem einmal eine Grippe heimsuchen und für einige Tage außer Gefecht setzen, dann beginnen Sie Ihr Training mit einer Regenerationswoche. Hören Sie sehr genau auf Ihren Körper. Er ist Ihr Partner, nicht Ihr Gegner – schließlich soll er Sie über die nicht eben schmächtige Distanz von mehr als 42 Kilometern tragen (und schleppen).

Kernaussagen

1. Ohne ausreichende Regeneration kommt kein positiver Trainingseffekt zustande.
2. Auch Regeneration ist Training. Regenerationsmaßnahmen gehören also in den Trainingsplan.
3. Die Erfassung und Kontrolle des Ruhepulses sind neben dem Hineinhören in den Körper Ihr alltäglicher Check-up.
4. Bei erhöhtem Ruhepuls sollte mit dem Training ausgesetzt werden.

Die Laufbekleidung

T-Shirts oder Sweat-Shirts aus Baumwolle sind eher ungeeignet fürs Lauftraining. Außer in den Sommermonaten sollten Sie sich durch sogenannte Funktionsbekleidung gegen Nässe, Kälte und Wind schützen, um nicht bereits während des Lauftrainings auszukühlen und sich zu erkälten. Geeignet ist ein direkt auf der Haut liegendes Klimahemd, das den Schweiß abtransportiert, darüber eine leichte, atmungsaktive Windjacke. Für die Beine sind Tights, direkt anliegende, aus dehnbarem Stoff geschnittene Laufhosen, zu empfehlen. Eine Kappe oder Schirmmütze schützt vor Auskühlung über den Kopf und im Sommer vor zuviel Sonne. Farbe und Design sind, wie immer, Geschmackssache.

Laufschuhe und Orthopädie

Da es sich um ein sehr spezielles Thema handelt, möchte ich es auch von einem Spezialisten behandeln lassen.

Ich freue mich, Ihnen mit Laurent Hoffmann einen äußerst erfahrenen Experten der Firma adidas auf dem Gebiet der Biomechanik vorstellen zu können:

Biomechanische und orthopädische Aspekte des Langstreckenlaufs

Vom biomechanischen Standpunkt aus betrachtet, ist das Laufen ein repetitiver Bewegungsablauf. Pro gelaufenem Kilometer werden durchschnittlich 400 bis 600 Schrittzyklen (Doppelschritte) absolviert. Bei einer Geschwindigkeit von 10 km/h beträgt die Bodenkontaktzeit jeweils zwischen 200 und 250 ms.

Beispiel: Ein Marathon wird durchschnittlich mit 21 250 Schrittzyklen gelaufen. Bei einem Tempo von 10 km/h beträgt die Gesamtlaufdauer 4 Stunden 15 Minuten, davon hat jeder Fuß ca. 1 Stunde 10 Minuten lang Bodenkontakt. Dies bedeutet, daß der Muskulatur nur relativ wenig Zeit zur Verfügung steht, die geforderte Leistung zu erbringen.

Die Phasen des Schrittes

Jeder Schritt wird in eine Bodenkontaktphase und eine Schwungphase unterteilt. Im Rahmen einer biome-

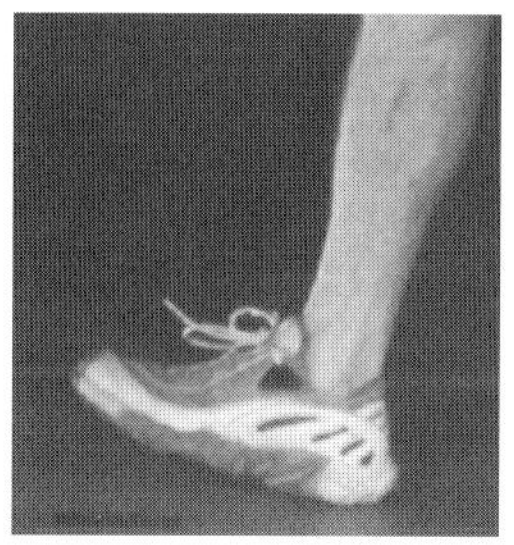
Abb. 1
Landephase

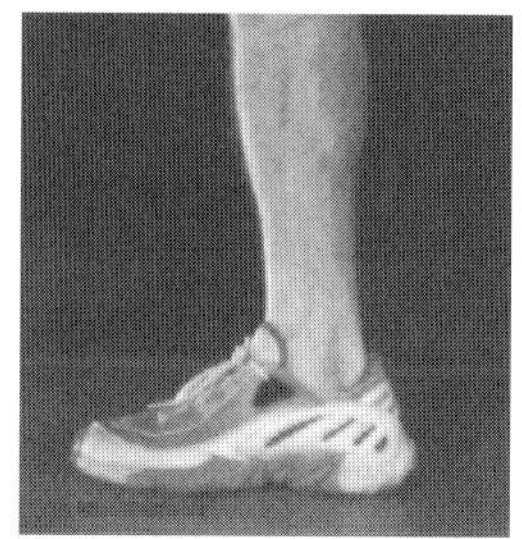
Abb. 2
Standphase

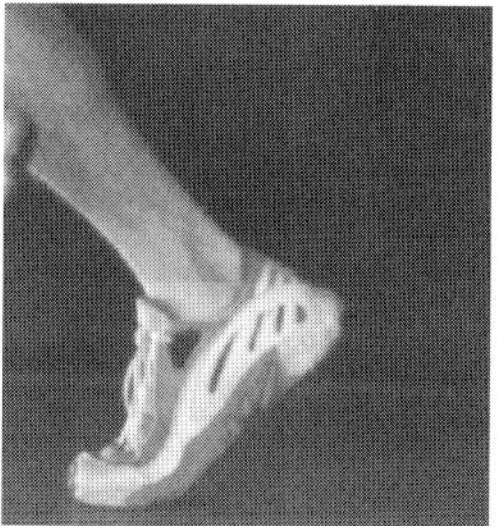
Abb. 3
Abstoßphase

chanischen Betrachtung ist vor allem die Bodenkontaktphase wichtig, da hier die vortriebswirksamen Kräfte produziert werden müssen. Die Bodenkontaktphase kann in drei einzelne Phasen gegliedert werden:

Als **Landephase** (Abb. 1) wird der Zeitpunkt vom ersten Bodenkontakt der Ferse bis zum Bodenkontakt des gesamten Fußes definiert. Die Landephase umfaßt beim Laufen ca. 8 bis 10 % des gesamten Bodenkontakts.

Die **Standphase** (Abb. 2) entspricht dem Zeitpunkt, während dem die ganze Fußfläche Bodenkontakt hat (ca. 40 % der Bodenkontaktphase).

Die **Abstoßphase** (Abb. 3) beginnt, wenn die Ferse vom Boden abhebt, und dauert bis zum Ende des Bodenkontakts. Sie ist die längste Phase während des Bodenkontakts und nimmt ca. 50 % der Gesamtdauer in Anspruch.

Bei jedem Bodenkontakt des Fußes treten Kräfte auf, die als vertikale Boden-Reaktions-Kräfte bezeichnet werden. Die höchsten Kraftwerte sind in der Landephase zu messen. Die Boden-Reaktions-Kräfte (passive Kräfte oder Impact-Kräfte) erreichen beim Laufen Spitzenwerte des zwei- bis dreifachen Körpergewichts. Die Belastungszeit ist sehr kurz. Für einen 70 kg schweren Läufer lassen sich Aufprallkräfte von ca. 4000 Tonnen pro Bein über die Marathondistanz errechnen.

In der Stand- und Abstoßphase hingegen entstehen aktive bzw. propulsive Kräfte mit weniger hohen Spitzenwerten, jedoch langer Belastungzeit. Für eine optimale Abrollbewegung müssen die passiven Aufprallkräfte reduziert bzw. gedämpft werden. Dies erfolgt entweder durch die Muskel- und Knochenstrukturen oder den Schuh.

Fußtypen und anatomische Fehlstellungen

Obwohl das Laufen die natürlichste Fortbewegung des Menschen darstellt, haben wir alle aufgrund der individuellen körperlichen Voraussetzungen wie Fußform, Knochenbau, muskuläre Aktivität etc. auch einen ganz individuellen Laufstil, also auch eine individuelle Abrollbewegung.

Als wichtigster Faktor der körper-

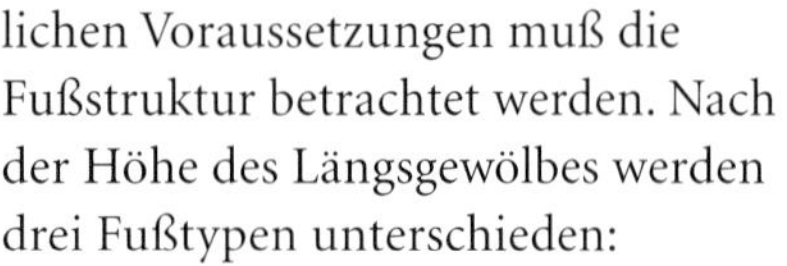

lichen Voraussetzungen muß die Fußstruktur betrachtet werden. Nach der Höhe des Längsgewölbes werden drei Fußtypen unterschieden:

Der **Normal-Fuß** (Abb. 4): Ein Fuß wird als normal bezeichnet, wenn sich der laterale (seitliche) Mittelfußrand beim Fußabdruck in einer Breite von ca. einem Drittel der Vorfußbreite abzeichnet. Die laterale Seite des Fußes weist eine gerade Linie auf.

Der **Platt-/Senk-Fuß** (Abb. 5): Beim Plattfuß zeichnet sich der laterale Mittelfußrand beim Fußabdruck in einer Breite von mehr als einem Drittel der Vorfußbreite ab. Das Längsgewölbe ist gesenkt, der Fuß ist unstabil.

Der **Hohl-Fuß** (Abb. 6): Ein Fuß wird als Hohlfuß bezeichnet, wenn sich der laterale Mittelfußrand beim Fußabdruck in einer Breite von weniger als einem Drittel der Vorfußbreite abzeichnet. Der Hohl-Fuß oder Pes Cavus ist häufig ein relativ steifer Fuß.

Gleichzeitig müssen die möglichen anatomischen Fehlstellungen von der normalen Fußstellung (Abb. 7) berücksichtigt werden: Pronation/Eversion (Abb. 8) und Supination/Inversion (Abb. 9).

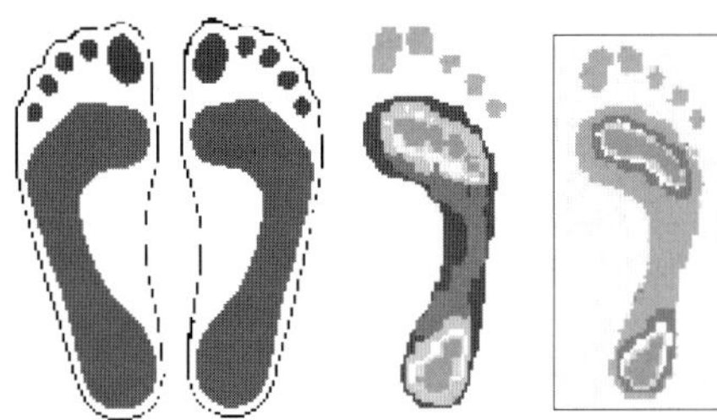

Abb. 4
Der Normalfuß

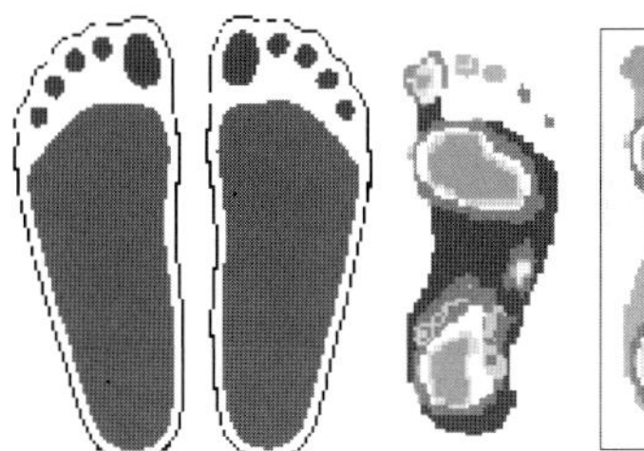

Abb. 5
Der Plattfuß

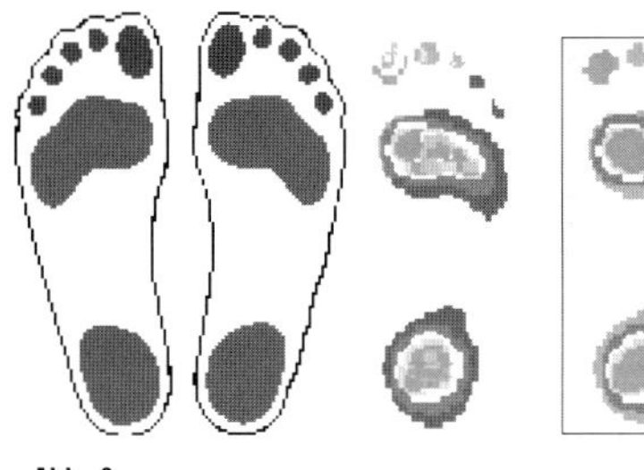

Abb. 6
Der Hohlfuß

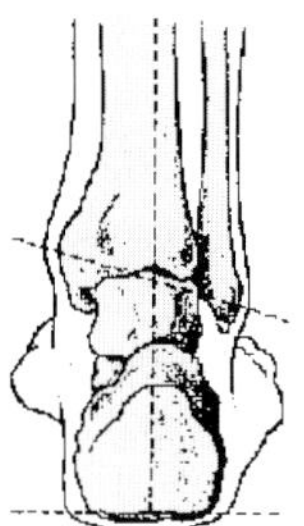

Abb. 7: Normal-Stellung des (re) Fußes

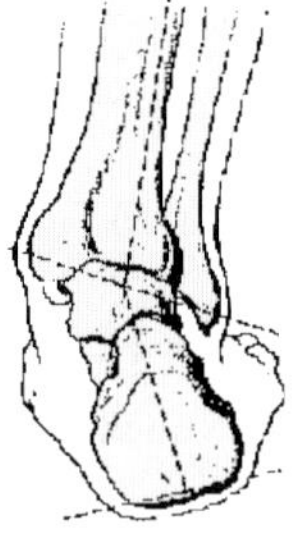

Abb. 8: Die Pronations-Stellung des (re) Fußes

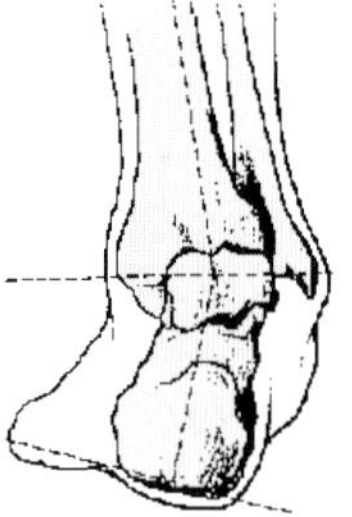

Abb. 9: Die Supinations-Stellung des (re) Fußes

Der Normalfuß weist keine besonderen biomechanischen Probleme auf. Der eher unstabile Plattfuß neigt häufig zur Überpronation, während der Hohlfuß sich in Abhängigkeit von seiner Flexibilität sehr unterschiedlich verhält: Wenn der Fuß sehr flexibel ist, was vor allem bei Frauen häufig der Fall ist, neigt er zur Überpronation, ist der Hohlfuß eher steif, sind seine Dämpfungs-Eigenschaften reduziert.

Laufstile

Eine Klassifizierung des Laufstils kann einerseits nach der Art der Abrollbewegung, andererseits nach der Pronationsbewegung des Fußes während des Bodenkontakts eines Schrittes erfolgen.

Die Abrollbewegung des Fußes

Nach der Abrollbewegung kann zwischen dem Rückfuß- oder Fersenläufer, dem Mittelfußläufer und dem Vorfußläufer unterschieden werden.

Der **Rückfußläufer** hat seinen ersten Bodenkontakt mit der Ferse, wobei hohe Aufprallkräfte auftreten. Es erfolgt eine komplette Abrollbewegung mit Standphase und Abstoßphase über den Vorfuß.

Der **Mittelfußläufer** landet auf dem Vorfuß, in der Standphase erfolgt der Fersenkontakt mit reduzierten Aufprallkräften. Die Abstoßphase erfolgt über den Vorfuß.

Der **Vorfußläufer** gestaltet seine Landephase wie der Mittelfußläufer auf dem Vorfuß, in der Standphase hat die Ferse jedoch keinen Bodenkontakt. Die Abstoßphase erfolgt über den Vorfuß.

Die unterschiedlichen Laufstile bringen unterschiedliche Vor- und Nachteile mit sich. Auf die beiden Extreme (Vor- und Rückfußlaufen) soll hier kurz eingegangen werden.

Vorteile des Vorfußlaufens:

- Die Bodenkontaktzeiten sind etwas kürzer.
- Die passiven Aufprallkräfte auf die Ferse sind reduziert.
- Es wird aktiv auf dem Vorfuß gelaufen.

Nachteile des Vorfußlaufens:

- Sowohl die Aufprall- als auch die aktiven Kräfte während der Lande- und Abstoßphase müssen über den Vorfuß übertragen werden.
- Erhöhte Belastung der Wadenmuskulatur und des Quadriceps.
- Erhöhte Herz-Kreislauf-Belastung.

Der Vorfußlauf eignet sich für Läufer, die muskulär sehr gut austrainiert sind und das Tempo auf kurzen Distanzen (bis ca. 10 Kilometer) erhöhen möchten.

Vorteile des Fersenlaufens:

- Die Dämpfung der Aufprallkräfte in der Landephase erfolgt durch die Muskel- und Knochenstruktur.
- Reduzierte Belastung der Wadenmuskulatur und des Quadriceps.

Nachteile des Fersenlaufens:

- Hohe passive Belastung der Knochenstruktur und der Bindegewebe in der Landephase.

Der Fersenlauf eignet sich vor allem für lange Distanzen (Halbmarathon,

Marathon und länger), da bei muskulärer Ermüdung sparsam mit den Kräften umgegangen werden muß.

Ob mit einer Umstellung des Laufstils vom Fersen- zum Vorfußläufer die häufig gewünschte Erhöhung der Laufgeschwindigkeit erreicht werden kann, ist sehr fraglich. Wichtig ist zu berücksichtigen, daß eine solche Umstellung muskulär immer eine deutliche Erhöhung der Trainingsintensität bedeutet, da einige Muskelpartien vermehrt arbeiten müssen.

Die Pronationsbewegung des Fußes

Der Fuß ist ein Dämpfungselement. Um sich gegen die Aufprallkräfte in der Landephase zu schützen, erfolgt eine Pronationsbewegung des Fußes. Die Pronation ist eine natürliche Bewegung. Sie ist nichts anderes als das Abrollen des Fußes gegen innen (siehe Abb. 8, Seite 142). Dieses Abrollen wirkt als natürliche Aufpralldämpfung, welche die Auswirkung des Aufpralls auf die Muskeln, Knochen und das Bindegewebe vermindert. Die Pronation erreicht ihren Höhepunkt in der Standphase. Durch verschiedene Faktoren wie Geschwindigkeit, Ermüdung aufgrund zurückgelegter Distanz oder Fußfehlstellungen kann diese natürliche Pronation zur Überpronation führen. Eine Überpronation erhöht das Verletzungsrisiko des Sportlers. Die entgegengesetzte Bewegung des Fußes, ein Abrollen des Fußes gegen außen, ist die Supination.

Je nach Ausprägung der Pronationsbewegung während des Bodenkontakts beim Laufen kann zwischen den Normalfußläufern, den Diagonalpronierern (45 %) und den Überpronierern (15 %) unterschieden werden. Die restlichen 10 % der Bevölkerung weisen sonstige atypische Abrollbewegungen wie die Supination, eine starke Innendehnung des Fußes (Fußspitze zeigt gegen innen) etc. auf.

Ca. 30 % der Bevölkerung können als **Normalfuß-Läufer** bezeichnet werden. Bei der Landung berührt die Ferse den Boden in einer leichten Supinationsstellung (Inversion). Der Druck findet auf der lateralen Seite der Ferse statt. An dieser Stelle ist in der Regel auch die größte Abnutzung der Schuhsohle zu erkennen. Während der Standphase erfolgt die normale und physiologische Pronationsbewegung des Fußes. In der Push-off-Phase ist die Fußstellung neutral. Der Druck ist gleichmäßig auf den Vorderfuß verteilt. Mit einer Normalfuß-Abrollbewegung sind keine typischen Pathologien verbunden.

Als **Diagonalpronierer** können ca. 45 % der Bevölkerung bezeichnet werden. Wie beim Normalfußläufer berührt die Ferse den Boden in einer leichten Supinationsstellung (Inversion). Der Druck auf der lateralen Seite der Ferse ist etwas reduziert. Die Schuhsohle ist auf dieser lateralen Seite abgenutzt. Während der Standphase erfolgt eine normale und physiologische Pronationsbewegung des Fußes. In der Push-off-Phase findet sich eine hohe Belastung unter dem

Gelenk des ersten Metatarsus-Kopfes sowie der Groß-Zehe. Kennzeichen des Diagonalpronierers ist häufig eine Exorotation der Füße, d. h., die Fußspitzen sind nach außen gezogen («Entenstil»).

Beschwerden, die häufig mit einer Diagonalpronation verbunden sind, sind die Schienbein-Entzündung, Kniebeschwerden, Überlastungssyndrome der Plantarsehne und die Achillessehnenentzündung.

Die Abrollbewegung mit Überpronation (**Überpronierer**) weisen ca. 15 % der Bevölkerung auf. Bei der Landung berührt die Ferse den Boden in einer normalen Position. Sofort nach dem Aufprall kippt die Ferse stark nach innen. Während der Standphase erfolgt eine starke und unphysiologische Pronationsbewegung des Fußes (extremes Einknicken der Ferse und des Mittelfußes). In der Push-off-Phase ist der Druck unter dem Gelenk des ersten Metatarsus-Kopfes sowie der Groß-Zehe extrem hoch.

Beschwerden, die häufig mit einer Überpronation verbunden sind, sind die Achillessehnenentzündung, das Runner's knee, Sprunggelenkbeschwerden sowie das Hüftgelenksyndrom.

Zusammenfassung

Laufen ist also nicht gleich laufen. Wenn verschiedene Menschen das gleiche tun, finden aufgrund der individuellen körperlichen Voraussetzungen doch unterschiedliche Bewegungen statt. Daher sollten auch alle Läufer ihre individuell optimale Abrollbewegung entwickeln, um Fehl- oder Überbelastungen einzelner Körperteile zu verhindern. **Die** optimale Abrollbewegung an sich existiert also nicht. Nach anatomisch-mechanischen Überlegungen können jedoch einige Aussagen gemacht werden, die im Sinne einer optimalen Kraftübertragung zwischen Fuß, Knie und Hüfte von Bedeutung sind:

- Die Füße sollen parallel zur Laufrichtung stehen.
- Sprunggelenk und Mittelfuß sollen möglichst stabil sein (keine übermäßige Pronation).
- Die Knie sollen möglichst optimal über dem Fuß stehen und weder nach innen noch nach außen rotieren.

Wurde eine solche individuell optimale Abrollbewegung über lange Trainingsjahre entwickelt, wird auch klar, daß eine Laufstiländerung ein sehr langfristiger Prozeß sein muß. Sowohl muskulär als auch mechanisch muß ein neues Optimum entwickelt werden.

Sportschuhkonzept

Der Laufschuh ist das Sportgerät eines jeden Läufers. Ihm muß besondere Aufmerksamkeit geschenkt werden. Er ist das Verbindungselement zwischen Mensch (Fuß) und Umwelt (Untergrund) mit bestimmten mechanischen Eigenschaften, die sich auf den Körper des Läufers übertragen. Die individuelle Abrollbewegung läßt sich durch den Laufschuh stark beeinflussen.

Von einem Laufschuh wird aufgrund des bisher Referierten aus biomechanischer Sicht sehr viel verlangt. Einerseits soll er die auftretenden Aufprallkräfte möglichst optimal dämpfen, andererseits soll er Überpronation wirkungsvoll verhindern.

Dämpfungskonzept

Maximale Dämpfung sollte grundsätzlich nur in der Ferse eingesetzt werden. Natürlich ist das Ganze auch abhängig vom Laufstil des Läufers. Beim Fersenläufer ist es wichtig, die Aufprallkräfte in der Ferse zu reduzieren, beim Vorfußläufer jedoch sind die Aufprallkräfte auch die propulsiven Kräfte, d. h., eine Dämpfung der Ferse ist unnötig, da kein Fersenkontakt vorhanden ist. Eine übermäßige Dämpfung im Vorderfuß würde die Wirkung der Abstoßphase in Frage stellen. Durch Reduzierung bzw. Dämpfung der aktiven/propulsiven Kräfte entstünde ein Kraftverlust, der durch eine Erhöhung der Muskelaktivität kompensiert werden müßte.

Alle Sportschuh-Hersteller bieten heutzutage eigene Dämpfungssysteme an. Wichtig bei der Schuhwahl ist, daß die Dämpfung zum Körpergewicht paßt. Ein Läufer mit einem Körpergewicht von 80 kg braucht ganz andere Dämpfungseigenschaften als ein Läufer mit 65 kg Körpergewicht.

Interessant ist auch, daß nicht die Aufprallkräfte so schädlich für den Körper sind, sondern die Vibrationen, die durch den ganzen Körper bis hin zum Kopf wirken. Diese Vibrationen sind jedoch relativ einfach zu annullieren. Es braucht keine enorme Materialdicke, sondern die Eigenschaften der Materialien spielen hierbei eine zentrale Rolle. Auch hier bieten praktisch alle Hersteller ihre Konzepte an (adiPRENE, Noene etc.).

Stabilitätskonzept

Forschungsarbeit zur Überpronationsbewegung des Fußes während der Bodenkontaktphase hat gezeigt, daß eine Abstützung der Innenseite des Fußes in Laufschuhen die Stabilität des Fußes deutlich erhöht. Indem ein festeres Zwischensohlenmaterial auf der medialen (inneren) Seite des Fußes eingearbeitet wird, kann Überpronation wirksam vermindert werden.

Dieses festere Material wird sowohl in den hinteren als auch in den vorderen Teil der Zwischensohle eingefügt, um die Bewegung während der ganzen Abrollbewegung zu steuern.

Vom Labor auf die Straße

Biomechanische Studien haben die Wichtigkeit zusätzlicher medialer Stützen im Vorfußbereich erwiesen. Am Anfang stand die Erkenntnis, daß während fast 90 % der Schrittdauer der Vorfuß in Kontakt mit der Unterlage ist. Nachher entdeckten die Forscher während ihrer Druckanalyse von Schrittbewegungen, daß der mediale Vorfußkontakt unter und hinter der großen Zehe (den Kugeln der ersten

Mittelfußknochen) nach der äußeren (lateralen) Ferse die Zone der größten Krafteinwirkung war. In Anbetracht der Qualität traditioneller Materialien war es unvermeidlich, daß der Schaumstoff nach kurzer Zeit durchgeschlagen und zusammengedrückt war. Dies führte zu einer wesentlich erhöhten Vorfußpronation, was die Stabilität und Unversehrtheit des ganzen Fußes während der Landephase massiv beeinträchtigte. Es war offensichtlich, daß der Vorfuß die gleiche Aufmerksamkeit benötigt wie die Außenferse, um in einem Laufschuh ein bestmögliches Laufen zu gewährleisten.

Auf den Vorfußbereich begrenzte Stützfunktion

Diese Forschungen bewogen die Hersteller, Stützen in den Vorfußbereich von Antipronations- und «neutralen» Laufschuhen einzubauen. Dies gewährleistet, daß alle Läufer gegen übermäßige Abweichung während des kritischsten Teils der Abrollbewegung, des Vorfußkontakts, geschützt werden. Weitere Studien des Forschungs- und Entwicklungslaboratoriums haben gezeigt, daß Schuhe mit Zwischensohlen, in die ein festeres Material auf der Innenseite des Vorfußes eingearbeitet wurde, die Gesamtstabilität um 10 % verbesserten.

Fehlbelastungen/ Beschwerden

Um Kenntnis über die Fußform, den Laufstil, den Grad der Pronation bzw. mögliche Fehlbelastungen beim Laufen zu gewinnen, besteht die Möglichkeit, eine Laufanalyse durchführen zu lassen.

Anhand der sensiblen Meßtechniken, die in einem Ganganalyselabor zum Einsatz kommen, können Details des Bewegungsablaufes entdeckt werden, die mit bloßem Auge nicht wahrgenommen werden.

Eine Laufanalyse besteht aus folgenden Untersuchungen:

1. Anamnese (Gespräch mit dem Sportler, um mögliche Beschwerden zu lokalisieren, Fehlgewohnheiten oder Auffälligkeiten herauszufinden)
2. Statische Beurteilung der Füße, Knie-, Hüft- und Wirbelsäulenachsen auf einem Spiegeltisch (Abb. 10)
3. Druckverteilungsmessung mittels des Footscan-Analysesystems (Druckmeßplatte): statische Messung zur Beurteilung der Fußform bzw. des Fußtyps, dynamische Messung zur Beurteilung der Druckentwicklung während der Bodenkontaktphase eines Laufschrittes
4. Videoanalyse auf dem Laufband zur Beurteilung des Abrollverhaltens (der Läufer wird von vorne und hinten gefilmt, um eine differenzierte Auswertung der einzelnen Laufphasen zu ermöglichen)

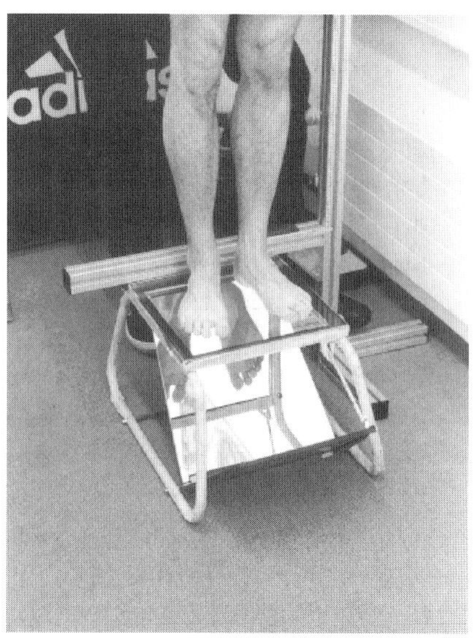

Abb. 10

Maßnahmen

Je nach dem Ergebnis der Laufanalyse, den bestehenden Fehlstellungen oder Fehlbelastungen, können unterschiedliche Maßnahmen bzw. eine Kombination verschiedener Maßnahmen ergriffen werden.

Eine der wichtigsten Maßnahmen im Langstreckenlauf ist die Schuhwahl. Die Schuhe bilden die Verbindung zwischen den Füßen und dem Boden, sie sind ein mechanisches Element, welches die Leistungsfähigkeit des Sportlers unterstützen kann.

Eine weitere Maßnahme sind sehr häufig Einlagen, die zusammen mit dem Schuh individuell das Abrollverhalten optimieren können. Besonderer Schwerpunkt liegt hier auf der Symmetrie der Abrollbewegung und der Optimierung der Kraftübertragung zwischen Fuß, Knie und Hüfte. Eine Einlage kann auch als präventive Maßnahme betrachtet werden: Sie kann Sportlern helfen, bei langen Läufen und einsetzender Ermüdung der Muskulatur das optimale Abrollverhalten möglichst lange aufrechtzuerhalten. Je nach Funktion einer Einlage muß der entsprechende Laufschuh gewählt werden, um ein optimales Ergebnis zu erreichen.

Gegen die häufig durch extreme Umstellung des Trainingsplans verursachten Beschwerden sind natürlich auch die besten Laufschuhe und orthopädischen Einlagen machtlos. Die muskulären Koordinationsmuster passen sich nur langsam den Veränderungen an. Ist der menschliche Organismus nicht auf diese Verschärfung des Trainings vorbereitet, erhöht sich das Verletzungsrisiko durch eine Überbelastung der Muskulatur und des Halteapparates enorm. Dem Körper muß genügend Zeit eingeräumt werden, sich an die veränderte Situation zu gewöhnen.

Wichtig ist in dieser Situation vor allem eine sinnvolle Trainingsplanung (Überprüfung von Umfang und Intensitäten) mit ausreichenden Regenerationszeiten, regelmäßiges Dehnen (v. a. stark beanspruchter Muskelpartien), gezielte Kräftigung zum Ausgleich muskulärer Dysbalancen, um die Gesundheit bzw. die Verletzungsfreiheit des Körpers zu gewährleisten.

Was Sie beim Kauf von Laufschuhen beachten sollten

Vor dem Kauf neuer Laufschuhe sollten folgende Punkte geklärt werden:

- Wie hoch sind Trainingsumfang und Trainingshäufigkeit? Wie oft und wie viele Kilometer werden pro Woche gelaufen?
- Auf welchem Untergrund wird vorwiegend gelaufen: Asphalt, Waldwege, querfeldein? Harter Untergrund erfordert vom Laufschuh vermehrt dämpfende Eigenschaften, weicher Untergrund stabilisierende Eigenschaften. Sowohl das Sohlenprofil als auch die Dicke der Zwischensohle variieren in Abhängigkeit vom Untergrund.
- Benötigen Sie einen Trainings- oder einen Wettkampfschuh? Ein Trainingsschuh ist in der Regel etwas robuster, daher aber auch schwerer, ein Wettkampfschuh fällt leichter aus, es können jedoch nur deutlich weniger Kilometer mit ihm gelaufen werden.
- Welcher Fußtyp liegt vor: Normal-, Platt- oder Hohlfuß? Ist der Fuß eher schmal oder breit?
- Welcher Laufstil wird gelaufen: Vorfuß-, Normalfuß-/Mittelfuß- oder Fersenlauf?
- Welches Ausmaß der Pronationsbewegung liegt vor? Bei Überpronation sollte auf einen Schuh mit Pronationsstütze im medialen Bereich zurückgegriffen werden.
- Welche Schuhgröße wird benötigt? Der Laufschuh sollte eine halbe bis eine ganze Größe größer als der normale Straßenschuh gewählt werden, da der Fuß unter Belastung und bei muskulärer Ermüdung im Längsgewölbe etwas nachgibt und daher länger wird.
- Körpergewicht und Geschlecht: Es gibt unterschiedliche Schuhmodelle für besonders leichte/schwere Läuferinnen und Läufer und meist auch von jedem Modell ein Herren- und ein schmaler geschnittenes Damenmodell.
- Zum Kauf neuer Schuhe sollte man die alten Schuhe immer mitnehmen: Beurteilung der bisher verwendeten Laufschuhe: Wo ist der Sohlenabrieb am stärksten, welche Schaftdeformation liegt vor? Diese Beurteilung der Schuhe kann als Bestätigung der Eigenschaften betrachtet werden.

Beim Anprobieren neuer Laufschuhe im Sportgeschäft sollten die Schuhe komplett gebunden werden. Der Schuh sollte sofort angenehm zu tragen sein.

Ein neuer Laufschuh sollte während einiger Trainingseinheiten eingelaufen werden, bevor er im Wettkampf eingesetzt wird. Der Schuh muß sich gewissermaßen dem Fuß anpassen.

Die Lebensdauer eines Laufschuhs beträgt rund 1000 bis 1500 Kilometer. Dies bedeutet, daß Läufer, die drei bis vier Trainingseinheiten à 10 Kilometer pro Woche absolvieren, nach ca. acht Monaten die Schuhe wechseln sollten.

Ernährung

Wer ißt was, wann, warum und vor allem, wieviel? Ein immer aktuelles Thema, bei allen beliebt, ob jung oder alt, Mann oder Frau, dick oder dünn. Nach Liebe/Partnerschaft/Sex scheint unsere Ernährung zu den wichtigsten Themen unserer Zeit zu zählen, zumindest wenn man den einschlägigen Printmedien und TV-Specials Glauben schenkt. Ich möchte Sie nicht noch zusätzlich verwirren und beschränke mich daher auf die Bereiche, die in unmittelbarem Zusammenhang mit dem Laufen stehen. Bei den vorgestellten Maßnahmen und Tips handelt es sich um solche, die Sie ohne zu großen Aufwand im Berufs- und Familienalltag umsetzen können. Sie müssen also nicht stundenlang Kalorien zählen oder gar zum eigenen Diätassistenten mutieren.

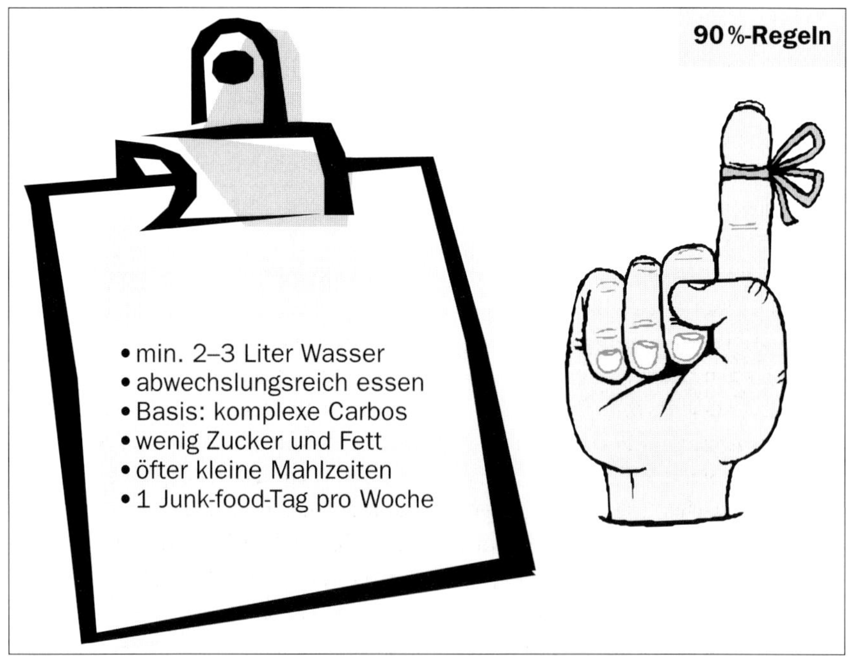

Ernährung im Alltag

Ich möchte hier den Grundgedanken des ökonomischen Prinzips aufgreifen: Wie kann ich mit einem Minimum an Aufwand einen maximalen Effekt erreichen? Ganz unwichtig ist es ja nicht, was wir täglich in uns «hineinwerfen». Doch was kann und was soll man nun essen, ohne aufs Genießen zu verzichten und permanent ein schlechtes Gewissen zu haben?

Ich nenne die folgenden Empfehlungen die «90 %-Regeln der Sporternährung», da sie einfach, effektiv und überschaubar sind.

Leider funktionieren auch diese Regeln nicht ohne Disziplin! Schauen wir uns einmal die Regeln näher an:

Flüssigkeit/ Wasserhaushalt

Wasser ist das wichtigste Nahrungsmittel überhaupt. Wir können ohne Nahrung vielleicht ein paar Wochen überleben, ohne Wasser jedoch nur wenige Tage. Wasser ist an den meisten vitalen Prozessen im Körper beteiligt, unser Wohlbefinden hängt eng mit einer ausreichenden Flüssigkeitsversorgung zusammen.

Die normale Tageszufuhr sollte zwei Liter betragen. Bei Läufern muß zusätzlich noch der trainingsbedingte Flüssigkeitsverlust ausgeglichen werden, der noch einmal doppelt so hoch sein kann. Als Indikator für den Flüssigkeitsverlust liefert das Wiegen vor und nach dem Sport gute Werte. Die Flüssigkeitszufuhr sollte weitgehendst aus reinem Wasser bestehen. (Säfte, Limonaden etc. werden vom Körper wie Nahrung verwertet.) Da Sie die Menge von drei und mehr Litern Wasser pro Tag nur zu sich nehmen, wenn Sie es wirklich direkt «vor der Nase» haben, empfehle ich Ihnen, am Bett, Arbeitsplatz und im Auto immer eine Wasserflasche parat zu haben.

Da der Wasserverlust früher eintritt als das Durstgefühl, ist es wichtig, nicht erst dann zu trinken, wenn der Durst da ist.

Schlechte Nachricht für Kaffee-Tanten (und -Onkel): Sie müssen jede Tasse Kaffee mit drei Tassen Wasser ausgleichen, da das Koffein (und auch Teein) zu einer «künstlichen» Wasserausscheidung führt.

Die wichtigste Ernährungsmaßnahme heißt also:

Trinken Sie 2,5 bis 3 Liter reines Wasser täglich!

Nur so können Sie Ihr volles Leistungspotential entfalten.

Abwechslungsreich essen: Die Ernährungspyramide

Als wichtigste Orientierungshilfe leistet die klassische Ernährungspyramide ausgezeichnete Dienste. Wenn Sie es schaffen, Ihre tägliche Nährstoffzufuhr nach den Prinzipien einer ausgewogenen Ernährung zusammenzustellen, haben Sie bereits einen wesentlichen Schritt getan.

Na ja, um ehrlich zu sein: zwei- oder dreimal täglich Gemüse (mög-

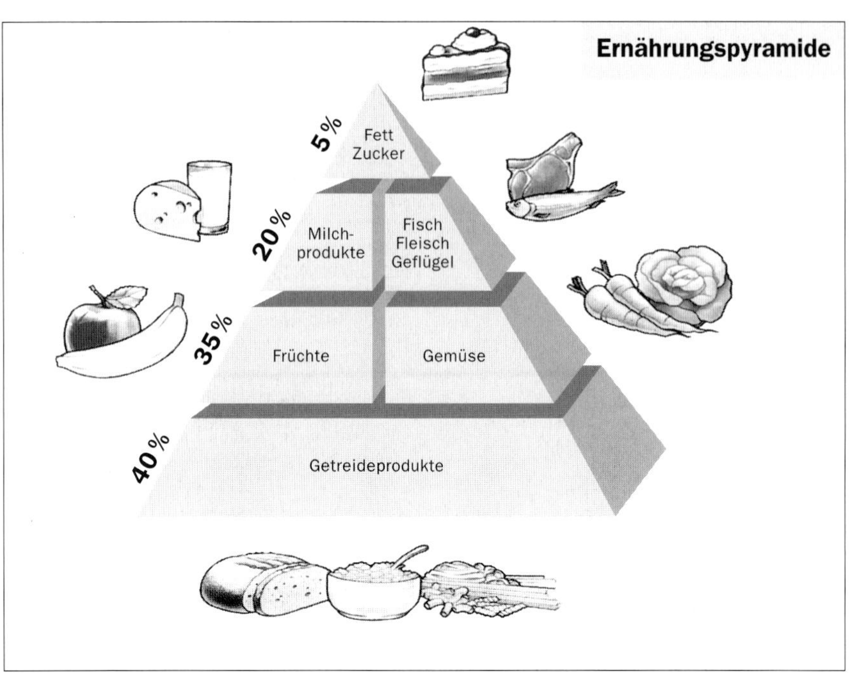

lichst roh!) und Obst essen, das ist eine ganze Menge. Ich schaffe das auch nicht immer und komme mit einer Flasche Gemüsesaft und wenigstens einmal Obst pro Tag gut über die Runden. Es kommt vor allem darauf an, möglichst abwechslungsreich zu essen und die alten (und selten richtigen) Ernährungsgewohnheiten zu überdenken.

Die Basis: komplexe Kohlenhydrate

Kohlenhydrate liefern den notwendigen Brennstoff für die Muskeltätigkeit. In der Ernährungspyramide werden 40 % der Gesamtnahrungszufuhr in Form von langkettigen (komplexen) Kohlenhydraten empfohlen.

Welche Arten von Kohlenhydraten gibt es?

Die Aufstellung macht deutlich, daß Nahrungsmittel wie Brot, Müsli, Nudeln, Kartoffeln etc. mit einem hohen Anteil an Polysacchariden die Basis unseres Ernährungsplans bilden sollten.

Zucker und Fett meiden

Hier ist am meisten Disziplin gefragt. Die einfachen Kohlenhydrate (Zucker etc.) werden auch als «leere Kalorien» bezeichnet, da sie nur kurzzeitig Energie liefern und nur wenige (oder

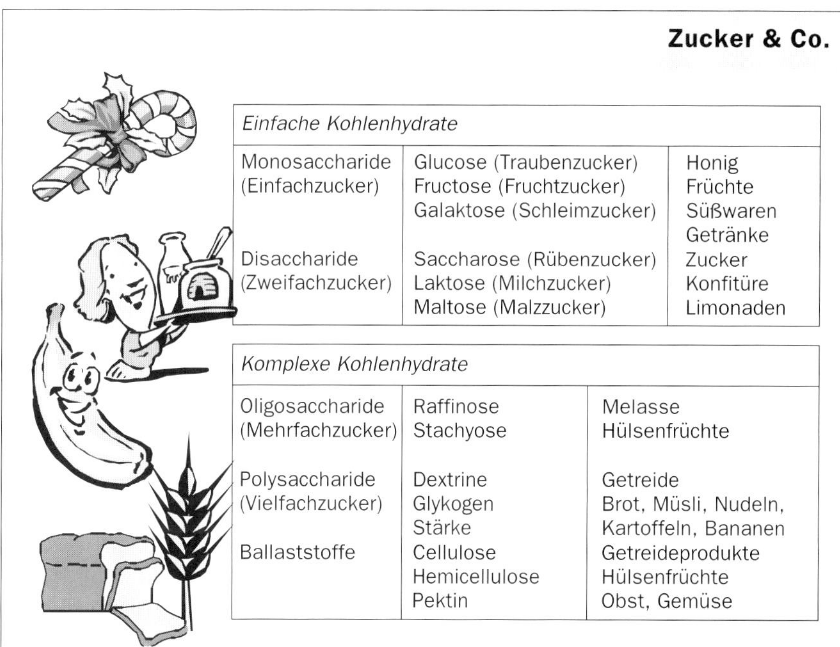

Zucker & Co.

Einfache Kohlenhydrate		
Monosaccharide (Einfachzucker)	Glucose (Traubenzucker) Fructose (Fruchtzucker) Galaktose (Schleimzucker)	Honig Früchte Süßwaren Getränke
Disaccharide (Zweifachzucker)	Saccharose (Rübenzucker) Laktose (Milchzucker) Maltose (Malzzucker)	Zucker Konfitüre Limonaden

Komplexe Kohlenhydrate		
Oligosaccharide (Mehrfachzucker)	Raffinose Stachyose	Melasse Hülsenfrüchte
Polysaccharide (Vielfachzucker)	Dextrine Glykogen Stärke	Getreide Brot, Müsli, Nudeln, Kartoffeln, Bananen
Ballaststoffe	Cellulose Hemicellulose Pektin	Getreideprodukte Hülsenfrüchte Obst, Gemüse

gar keine) Vitamine, Mineralien und Nahrungsfasern enthalten. Lassen Sie die Einfachzucker einfach weg!

An fettreicher Kost kommt man leicht vorbei; fast jedes Produkt wird heute auch in einer fettarmen Variante angeboten. Jedoch wird der wahre Fettgehalt mancher Lebensmittel oft unterschätzt. Beispielsweise finden wir auf einem normalen Joghurt folgende Angaben vermerkt:

Der effektive Fettgehalt ergibt sich aus den verwertbaren Kalorien. Ein Gramm Fett liefert 9 kcal, d. h. 2,9 Gramm mal 9 kcal = 26,1 kcal. Soviel Kalorien liefert der Fettanteil von 100 Gramm Joghurt, d. h., 26,1 kcal von insgesamt 103 kcal ergeben als wahren Fettgehalt eines normalen Joghurts 25,3 %. Merken Sie sich einfach die Zahl 9 (kcal pro Gramm Fett), und Sie können jederzeit den Fettgehalt Ihrer Nahrungsmittel, z. B. beim Einkaufen, selbst ermitteln.

Formel zur Berechnung

2,9 g Fett x 9 kcal = 26,1 kcal
26,1 : 103 = 25,3 %

100 g = 103 kcal
4,0 g Eiweiß
15 g Kohlenhydrate
2,9 g Fett

Öfter kleine Mahlzeiten

Morgens schnell eine Tasse Kaffee und sonst nichts, mittags rasch ein Sandwich und abends als Highlight ein schönes Menü? Eine solche Verteilung der Nahrung über den Tag hinweg ist nicht gerade zweckmäßig. Ideal ist es, die Nahrung so aufzunehmen, wie wir sie auch verbrauchen, also kontinuierlich über den Tag verteilt in kleinen Mahlzeiten. 40 Minuten nach dem morgendlichen Nüchternjogg schmeckt es gleich zweimal so gut: Genehmigen Sie sich ruhigen Gewissens ein großzügiges Frühstück. Es empfiehlt sich auch, einen Teil der täglichen Nahrungsaufnahme von abends auf mittags und morgens «umzulegen». Nicht umsonst sagt eine Volksweisheit: «Frühstücke wie ein König, esse mittags wie ein Edelmann und abends wie ein Bettler.»

Auch kleine Mahlzeiten müssen organisiert sein. Deshalb sollten Sie an Ihrem Arbeitsplatz stets bestimmte Nahrungsmittel parat haben (Haferflocken, Joghurts, Obst, Vollkornbrötchen etc.). Sollten Sie in der Mittagspause trainieren (z. B. Lka 0:50), dann wäre eine Schüssel mit Vollreis (am Vorabend gekocht), in die Sie vielleicht noch eine Banane schneiden, eine geeignete Mahlzeit. Essen Sie dann, wenn Sie Hunger haben, und nicht, weil es wieder einmal zwölf Uhr ist.

Energieriegel und isotonische Getränke

Trauen Sie weniger wohlklingenden Werbesprüchen als Ihren eigenen Augen! Auf den Packungen steht oft schwarz auf weiß, daß in den meisten als «sportgerecht» angebotenen Riegeln ein hoher Anteil an Fett und/oder Einfachzuckern (Fructose, Saccarose, Glucose, Dextrose) ist. Dasselbe gilt für die meisten Sportdrinks. Lassen Sie die Finger davon!

Eines der besten Sportlergetränke ist die bekannte und zu Recht beliebte Apfelsaft-Schorle (gemischt im Verhältnis 5:1 Wasser-Saft). Eines der besten Energiedepots ist nach wie vor die Banane. Bei den meisten Trainings benötigen Sie außer reinem Wasser sowieso nichts, wie wir gleich noch sehen werden.

Nie mehr genießen?

Sie essen, schlemmen und genießen ebenso gerne wie ich? Kein Problem, machen Sie pro Woche einen Junk-Food-Tag, an dem Sie alle Regeln über Bord schmeißen und nach Herzenslust alles essen (und auch trinken) dürfen, wozu Sie Lust haben. Ich wiederhole: *einen* Junk-Food-Tag.

Vitamine und Mineralstoffe

Zwar wird immer wieder betont, daß bei einer ausgewogenen und abwechslungsreichen Ernährung eine Supplementierung von Vitaminen und Mineralien nicht nötig wäre. Aber zumindest bei den von uns betreuten Sportlern hat sich für die Dauer der intensiven Trainings- und Vorbereitungsphase eine erhöhte Dosierung als nützlich erwiesen.

Als «Minimalpaket» hat sich bewährt: eine Kombination von Vitamin E (500 mg) und Magnesium (250 mg), morgens zum Essen; eine Kombination von Vitamin C (1 Gramm in retard-Form) und Vitamin B-Komplex, abends vor dem Schlafen. (Weitere Angaben zu Vitalstoffmischungen finden Sie im Anhang.)

Ernährung und Training

Im Zusammenhang mit den Trainingsintensitäten haben wir bereits die Fette und die Kohlenhydrate als Energieträger kennengelernt.

Wie kommen wir eigentlich zu unserem Depotfett?

Gewichtsprobleme sind meistens Mengenprobleme, d. h., die dem Körper zugeführte Kalorienmenge ist größer als der Energiebedarf. Unser Körper spart in gewisser Weise für «schlechte Zeiten» an und lagert die überzähligen Nährstoffe als Depotfett an den von uns so geliebten Problem-

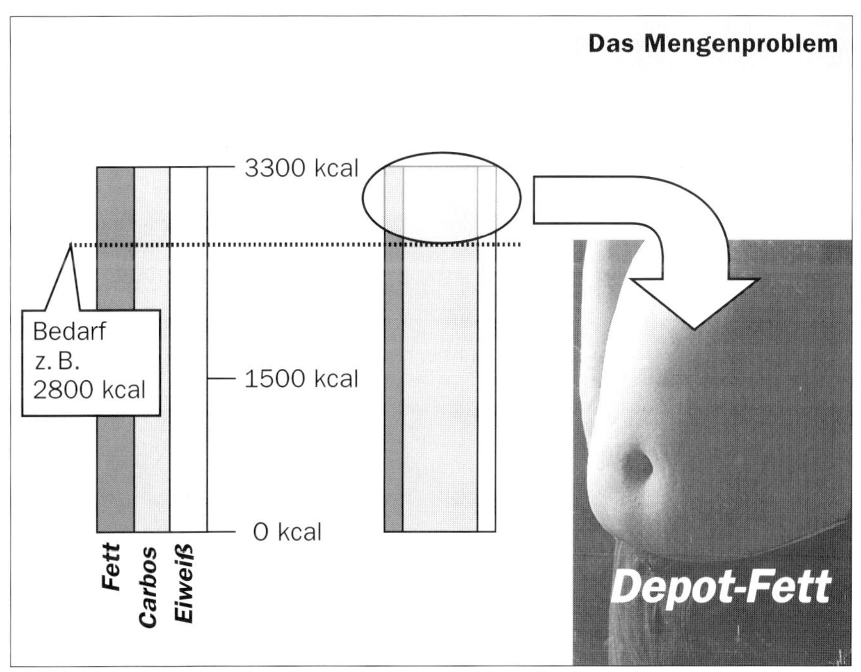

zonen ab. Dabei spielt es kaum eine Rolle, woraus die Nährstoffe bestehen, es wird fast alles in Fett umgewandelt. Unser Körper ist eine erbarmungslose «Umwandlungsmaschine». Wer das einmal begriffen hat, der weiß, warum es müßig ist, über Diäten zu diskutieren. Diese funktionieren nur, weil die Kalorienmenge reduziert wird, und nicht, weil die Nährstoffe in einer bestimmten Art und Weise zusammengestellt sind.

Für den Körper stellt das Depotfett eine Art Notreserve dar. Auch mit einer Diät kommen wir nicht so schnell an unsere Fettpolster heran. Zuerst verlieren wir Wasser, dann Muskelmasse und eventuell auch etwas Körperfett. Die entleerten Fettzellen werden bei Lockerung der Diät als erstes wieder aufgefüllt.

Wie aber kann man dann Depotfett langfristig loswerden?

Ganz einfach: Sie müssen es verbrennen!

Sie haben ein paar Kilo zuviel? Sie haben viele Kilos zuviel? Sie laufen, um schlank zu werden? Dann kommt jetzt einer der wichtigsten Teile des Buches für Sie.

Die schlechte Nachricht zuerst – die Evolution hat uns das Depotfett beschert. Unsere Vorfahren lebten in Höhlen, jagten Mammuts und waren einer unregelmäßigen Nahrungszufuhr ausgesetzt. War das Mammut erlegt, hatte man viel, eigentlich zu viel, zu essen. Dieses Zuviel wurde abgespeichert für die harten, entbehrungsreichen Monate, in denen weit und breit kein Mammut zu finden war. Jetzt wurde das Depotfett auch verbrannt durch die aufreibende Prozedur der Nahrungssuche. Unsere Vorfahren waren somit gute Fettstoffwechsler: Sie lebten eine Zeitlang von der Fettreserve, die sie sich zugelegt hatten. Wir dagegen haben das Fettstoffwechseln verlernt und beschränken uns heute auf das Auffüllen und Entleeren unserer Kohlenhydratspeicher. Hungerphasen (z. B. Fastenzeiten) sind in unserer entritualisierten Kultur eher selten geworden. Wir gehen bei den kleinsten Hungersignalen einfach zum Kühlschrank. Wir essen regelmäßig nach Uhrzeit.

Wir müssen «Hungern» (= Zeit ohne Nahrungsmittel) mit mäßiger Bewegung kombinieren, womit wir beim Thema Fettstoffwechseltraining angelangt wären. Die 3L-Trainingsmethode (locker, leicht und lang) muß gekoppelt werden mit der Ernährung. Wir beginnen das Training mit leichtem Hunger, trinken zwischendurch nur Wasser, und erst danach bauen wir Substanz durch Essen auf. Am Anfang werden Sie mit dem Nüchterntraining noch Ihre liebe Mühe haben. Ist aber der Fettstoffwechsel erst einmal wachgerüttelt, dann können und sollen Sie große Teile Ihres Grundlagentrainings ohne Nahrungszufuhr absolvieren.

Wie wird das Fettstoffwechsel-Training nun konkret durchgeführt?

Sobald Sie Lga 0:40 und mehr im Griff haben, beginnen Sie Ihr Training nüchtern durchzuführen. Eine Fettstoffwechsel-Einheit unter 40 Minuten ist wenig sinnvoll, weil der Körper ca. 20 bis 30 Minuten braucht, um den Fettstoffwechsel in Gang zu bringen. Am Anfang jeder Einheit gewinnt Ihr Körper seine Energie zuerst aus den in der Muskulatur abgespeicherten Kohlenhydraten (Muskelglykogen), selbst wenn Sie vom Puls her im Fettbereich (GA-Puls) unterwegs sind. Die beste Zeit für eine GA-Einheit ist am Morgen nach dem Aufstehen. Sie nutzen so die einzige Hungerphase, die wir unserem Körper überhaupt noch gönnen: die Nacht. Der Körper hat zu diesem Zeitpunkt eine hohe Bereitschaft, fettverbrennende Enzyme zu bilden. Sie trinken vor, während und auch die ersten 30–40 Minuten nach dem GA-Training nur Wasser. Sobald Sie auch nur etwas Nahrung zu sich nehmen, wird Ihr Körper immer erst bestrebt sein, diese zu «verwerten», statt an das Depotfett zu gehen. Je nach Menge reichen dann auch 50 Minuten und mehr Training nicht, um Ihren Fettstoffwechsel zu schulen. Sollten Sie nicht die Möglichkeit haben, morgens zu trainieren, dann essen Sie drei Stunden vor Trainingsbeginn nichts mehr und trinken nur noch Wasser. Sie erreichen so in etwa den gleichen Effekt.

Auch wenn Sie keinerlei Probleme mit Gewicht und Figur haben, gilt für Sie genau das gleiche, denn gute Fähigkeiten im Fettstoffwechsel sind gleichbedeutend mit einer guten Grundlagenausdauer. Ihr Körper lernt mit jeder Trainingseinheit, mehr

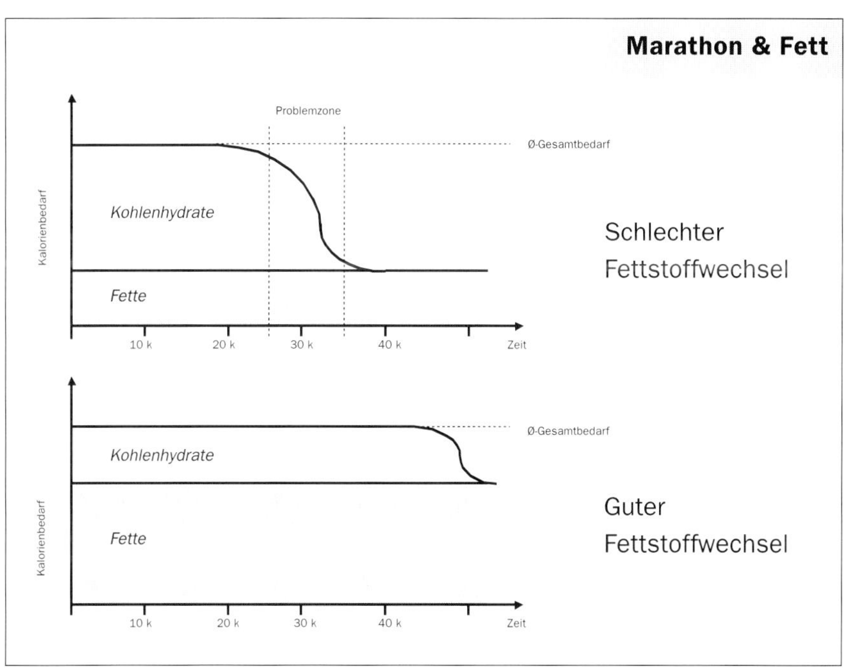

Energie aus dem Fettstoffwechsel zu gewinnen. Genau das ist es, was Sie sicher über die Marathon-Distanz bringen wird.

Sicher haben Sie schon mal im Zusammenhang mit dem Marathon von Dingen gehört wie «Hungerast», «Wand» oder dem berühmt-berüchtigten «Mann mit dem Hammer» usw. Diese Begriffe stehen alle für ein und denselben Vorgang. Wenn ein Läufer mit mäßigen Fettstoffwechsel-Fähigkeiten den Marathon läuft, muß er seine Energie zum überwiegenden Teil aus den Kohlenhydratspeichern decken, da sein Fettstoffwechsel zunächst nur wenig Energie liefert. Die Kohlenhydratreserven sind aber nach rund zwei Stunden erschöpft, der Läufer muß sein Tempo auf das Niveau seiner Fettstoffwechselfähigkeiten drosseln. Und genau hier stellt sich das Gefühl des «Nichts geht mehr» ein – ein Gefühl, als liefe man gegen eine Wand.

Wenn Sie hingegen durch Nüchterntrainings Ihren Fettstoffwechsel so richtig in Schwung bringen, dann werden Sie in Ihrem Marathon einen größeren Teil der benötigten Energie mit den Fetten produzieren können: Sie schonen Ihre Kohlenhydratspeicher. Diese reichen demzufolge viel länger, und selbst wenn sie erschöpft sind, kommen Sie mit Ihrem gut trainierten Fettstoffwechsel immer noch zügig voran.

Daß Sie in Ihrem Training auf diese Weise überschüssige Pfunde langfristig loswerden, ist ein ebenso angenehmer Nebeneffekt wie die generell konstantere Versorgung der Körpersysteme mit Energie. Ihr Körper lernt, aus den Fettsäuren Energie zu produzieren; deshalb sind Sie weniger anfällig für Heißhungerattacken. Körpersignale wie Hunger und Sättigungsgefühl werden wieder klarer wahrgenommen.

Bei Einheiten im KA- und EB-Bereich wären Nüchterntrainings jedoch leistungsmindernd. Hier müssen Sie, um Ihre Leistung zu bringen, den Körper ausreichend mit Brennstoffen versorgen. Das heißt, Sie sollten ca. 30 Minuten vor dem Training noch langkettige Kohlenhydrate zu sich nehmen (im Training je nach Bedarf). Hier ist es wichtig, dem Körper direkt nach Trainingsende die zur Regeneration nötigen Nährstoffe zuzuführen.

Ernährung beim Marathon

Viele Marathonläufer machen hier gleich mehrere entscheidende Fehler, mit denen sie sich das Leben unnötig schwermachen:

- Sie haben keinen Plan für die Ernährung im Wettkampf.
- Existiert ein Plan, wurde er nicht vorher ausprobiert.
- Durch die Aufregung am «Tag X» wird der Plan nicht eingehalten.

Was für *Sie* funktioniert und was nicht, können Sie nur durch Experimentieren im Training herausfinden.

Als Anregung habe ich Ihnen meinen persönlichen Ernährungsplan für Marathonläufe aufgeschrieben. Alles,

Ernährungsplan für Marathon

Wann?	Was?	Wieviel?
sofort nach dem Aufstehen	Wasser Lasar (Magnesium & Vit E)	5–8 dl 2 Tbl.
3,5h vor dem Start	Hauptmahlzeit (z.B. Griesbrei, Pfannkuchen, Vollkornbrot) Kein Zucker, Milch, Kaffee, Tee	normale Portion
bis vor dem Start	regelmäßig Wasser trinken	1–2 l
vorbereitet	im Trikot/Top 10–12 Squeezy	
die ersten 30 min.	nichts	
dann alle 20 min.	Squeezy	1 Btl.
alle 30–40 min.	Bio-Magnesin	2 Tbl.
jede Station	Wasser trinken (Trinktechnik üben)	2–3 Becher
im Ziel	Wasser, Wasser, Wasser!	
	Carbos (langkettig) auffüllen	

Achtung! Dieser Ernährungsplan ist *mein* Ernährungsplan! Jeder Läufer hat seine spezifischen Eßgewohnheiten. Sie sollten unbedingt alles vorher im Training ausprobieren!

was ich vor und während eines Marathons zu mir nehme, ist vermerkt. Auch bei längeren Distanzen (+100-km-Läufe, Double- und Triple-Ironman) hat sich dieser Plan bewährt (für mich!). Experimentieren Sie ruhig ein wenig und stellen sich dann Ihren eigenen Plan auf, wobei Sie genau festlegen sollten, was Sie zu welchem Zeitpunkt zu sich nehmen. Ihr Körpergefühl ist nicht immer ein präziser Ratgeber: Wenn Hunger- und Durstgefühle im Marathon auftreten, ist es meist schon zu spät.

Die letzte Hauptmahlzeit

Der Start zu den Läufen erfolgt meistens morgens. Stehen Sie rechtzeitig auf, und nehmen Sie ca. drei Stunden vor dem Startschuß eine Mahlzeit (primär langkettige Kohlenhydrate) ein, die z. B. aus Vollreis, Nudeln, Vollkornbrot u. ä. bestehen kann. In den letzten Jahren habe ich sehr gute Erfahrungen mit Babynahrung gemacht (wenig kauen).

Flüssigkeit

Auch im Marathon gilt wie in der täglichen Ernährung: Wasser ist das wichtigste! Beim Marathon trinke ich nur reines Wasser, da ich mit den angebotenen Iso-Drinks schon manche «herbe» Überraschung erlebt habe. Meist vertrage ich die Gebräue nicht sonderlich gut, und es kann leicht zu Magenirritationen bis hin zum Brechreiz kommen. Oft werden die Getränke auch in zu hoher Dosierung angemischt. Bei Wasser kann niemand etwas falsch machen. Sollten Sie dennoch etwas anderes zu sich nehmen wollen als Wasser, dann sollten Sie sicher sein, daß Sie es auch wirklich unter Belastung vertragen.

Das Trinken an den Ständen

Im Laufen greife ich mir meist zwei bis drei Becher Wasser und leere diese auf den nächsten 100–200 Metern. Diese Technik müssen Sie unbedingt vorher üben. Bauen Sie sich dazu vor Ihrer Haustür eine kleine Verpflegungsstation mit mehreren wassergefüllten Pappbechern auf. Versuchen Sie zunächst, einen Becher *im Laufen* zu greifen und möglichst viel beim Weiterlaufen zu trinken. Damit nicht der größte Teil verlorengeht, drücken Sie den Becher an den Ecken zusammen (Prinzip Tülle …). Beherrschen Sie dies, können Sie es mit zwei Bechern versuchen. Natürlich könnten Sie im Marathon auch an der Verpflegungsstelle stehenbleiben und sich zum Trinken sogar noch etwas ausruhen. Hier sind die Meinungen verschieden. Ich halte dies für wenig sinnvoll: Versuchen Sie unbedingt durchzulaufen. Mit jedem Stop signalisieren Sie Ihrem Körper das Ende der Belastung, und das Weiterlaufen nach dem Stop wird Ihnen jedesmal schwerer fallen. Also: Trinktechnik üben!

Komplexe Kohlenhydrate

Meinen Bedarf an komplexen Kohlenhydraten decke ich über Squeezies ab (erhältlich im Sporthandel). Es handelt sich um Maisstärke, die man sehr einfach zu sich nehmen kann. Die hochkonzentrierten Kohlenhydrate sind in eine kleine Plastikfolie eingeschweißt, die mit dem Mund aufgerissen wird. Die gelartige Flüssigkeit wird in den Mund gedrückt und mit Wasser heruntergeschluckt. Kohlenhydrate in dieser Form sind für den Magen-Darm-Trakt sehr einfach aufzunehmen und zu verdauen. Der Körper wird damit kaum belastet und erhält dennoch ausreichend Energie. Testen Sie in den KA-Trainings, wie viele Squeezies Sie in welchem Abstand nehmen müssen, um ausreichend versorgt zu sein. Mir reichen bei einem normalen Marathon ca. 10 Beutel.

Die Vorteile gegenüber fester Nahrung (z. B. Energieriegel) liegen auf der Hand:

- Der Magen muß keine feste Nahrung aufspalten und zerlegen.
- Das mühsame Kauen entfällt.
- Diese Nahrung kann platzsparend im Trikot mitgeführt werden.

Magnesium

Zur Unterstützung der Leistungsbereitschaft der Muskulatur empfiehlt

sich die Zufuhr von Magnesium auch während des Marathons. Wichtig ist, daß es sich um ein leicht resorbierbares und gut verträgliches Magnesiumpräparat handelt. Damit die Magnesiumtabletten sich im Trikot nicht durch Schweiß und/oder Wasser auflösen, führen Sie diese in kleinen verschließbaren Plastiktüten mit sich.

Transport

Beim Laufen ist es sinnvoll, zwei kleine Taschen im Trikot zu haben, in denen man Magnesium und Squeezies für den Marathon verstauen kann.

Kernaussagen

1. Mit einfachen Regeln (90 % Regeln) läßt sich eine sportgerechte Ernährung sicherstellen.
2. Flüssigkeitszufuhr ist extrem wichtig, daher immer Wasser am Bett, Arbeitsplatz und im Auto.
3. Das Fettstoffwechsel-Training ist einer der Schlüssel zum Erfolg.
4. Für den ersten Marathon wird ein Ernährungsplan erarbeitet und vorher im Training 1:1 ausprobiert.

Abschließend möchte ich Ihnen noch einige Tips für Ihren ersten Marathon geben, die ich Ihnen in chronologischer Folge präsentiere.

Zwei Wochen vorher

Die letzte lange Einheit (Lga 3 h) liegt jetzt hinter Ihnen, Sie sollten es nunmehr ruhig angehen lassen. Langsam kommen die Zweifel: «Habe ich genügend trainiert?» – «Werde ich es schaffen?» Besinnen Sie sich auf alles, was Sie bereits geleistet haben. Den Grundstein für den Erfolg haben Sie sowieso bereits viel früher gelegt, z. B. mit den Longjoggs. Das, was Sie sich bis jetzt erarbeitet haben, kann Ihnen keiner mehr nehmen. Es gibt also keinen Grund, aus Nervosität oder schlechtem Gewissen kurz vorher noch einmal das Training zu verschärfen. Hier werden viele Fehler gemacht. Bleiben Sie cool, das Training der letzten zwei Wochen dient nur noch zur Konservierung der Form. Grundlagenausdauer, die Sie jetzt noch nicht draufhaben, kriegen Sie bis zum Marathon auf keinen Fall mehr.

Eine Woche vorher

Ruhen Sie sich aus! Es gibt nichts Besseres, als erholt in einen Marathon hineinzugehen.

Bei Ihrer Nahrungsaufnahme sollten Sie vorwiegend langkettige Kohlenhydrate sowie mäßig Eiweiß zu sich nehmen. Vermeiden Sie größere Mengen Fleisch, da diese schwer verdaulich sind. Verzichten Sie ebenso auf den Konsum von Meeresfrüchten; auch damit hat mancher schon seine böse Überraschung erlebt.

Konzentrieren Sie sich noch einmal auf die Visualisierungsübung, um Ihr Unterbewußtsein wirkungsvoll zu programmieren. Verzichten Sie jetzt auch auf Sauna oder Massage, da sich dies negativ auf Wasserhaushalt und Muskeltonus auswirken könnte.

Zwei Tage vorher

Dies ist der Tag, an dem Sie essen, essen und noch einmal essen müssen. Es geht nicht darum, riesige Mengen Essen in sich hineinzuschlingen, sondern über den ganzen Tag verteilt immer wieder kleinere Portionen zu sich zu nehmen. Auf keinen Fall dürfen Sie ein Hungergefühl übergehen, was wir sonst im Alltag allzu gern mal machen. Gehen Sie früh ins Bett und ruhen sich aus.

Ein Tag vorher

Relaxen steht im Vordergrund. Vermutlich werden Sie heute Ihre Startnummer abholen. Vielleicht vertreiben Sie sich Ihre Zeit mit einem kleinen Stadtbummel oder einer Stadtrundfahrt, wenn Sie die Marathonstadt Ihrer Wahl noch nicht kennen.

Die Pasta-Partys, die am Abend vor dem Marathon stattfinden, halte ich für wenig sinnvoll, da Sie Gefahr laufen, sich vor lauter Pasta eine unruhige Nacht einzuhandeln.

Wenn der Start um 9:00 Uhr ist, sollten Sie zwischen 20:00 und 21:00 Uhr ins Bett. Selbst wenn Sie nicht sofort einschlafen können, ist es von Vorteil, sich in die Horizontale zu begeben.

Der große Tag

Messen Sie keinen Ruhepuls, der ist sowieso höher als sonst – schließlich haben Sie lang genug diesem Tag entgegengefiebert, und Ihr Körper weiß das. Trinken Sie direkt nach dem Aufstehen reichlich Wasser und essen dann Ihre letzte Hauptmahlzeit spätestens drei Stunden vor dem Start (keine Experimente!). Ziehen Sie Ihre Laufsachen an und denken Sie an Ihre Verpflegung (Flüssignahrung, Magnesium etc.). Und packen Sie sich unbedingt Papiertaschentücher ein für das «Geschäft» vor dem Start. Die Toilettenwagen oder aufgestellten WC-Häuschen im Startgelände sind meist hoffnungslos überfüllt. Falls eben möglich, sollten Sie die Toilettensitzung(en) schon zu Hause bzw. in Ihrer Unterkunft hinter sich gebracht haben. Ansonsten gilt: Wo ein Wille ist, ist auch ein Gebüsch.

Trinken Sie in der Zeit bis zum Start immer wieder kleine Mengen Wasser. Am besten nehmen Sie eine alte Fahrradflasche mit sich, die Sie gegebenenfalls auch liegenlassen können. Bis 40 Minuten vor dem Start kann man noch eine Kleinigkeit essen, z. B. eine halbe Banane. Gehen Sie zur Startzone, und beginnen Sie ca. 20 Minuten vorher mit dem Einlaufen (zunächst mehrere Minuten im GA-Puls, forcieren Sie dann Ihr Tempo bis an die obere Grenze des KA-Pulses für 3x2 Minuten, abschließend wieder mit GA-Puls zur Startzone zurück). Meistens wird das Teilnehmerfeld mittels farbig gekennzeichneter Startnummern in Startblöcke eingeteilt. Gehen Sie also zu Ihrem Startblock. Ideal wäre es, wenn kurz nach Beendigung Ihres Aufwärmens das Rennen gestartet würde. Bei kleineren Marathons ist das kein Problem, in Boston oder New York dagegen ist diese perfekte Kombination von Einlaufen und Weg zum Start absolut unmöglich.

The Race is on!

Je nach Größe des Feldes tut sich die ersten ein, zwei Minuten erst einmal gar nichts, dann geht ein Ruck durch die Masse, ein paar Meter vorwärts, und wieder steht das Feld – bis es dann langsam, aber sicher auch für Sie losgeht. Jetzt gilt es, den Rhythmus zu finden. In den ersten Minuten ist Ihr Puls noch erhöht, und Sie müssen sich immer wieder zurückhalten, um nicht von den anderen Läufern in ein zu schnelles Tempo «hineingerissen» zu werden. Haben Sie Geduld, Sie haben mehr als 42 Kilometer Zeit, um einige der Läufer, die zunächst locker an Ihnen vorbeiziehen, später wieder einzuholen. Fangen Sie rechtzeitig mit Ihrer Wettkampfverpflegung an.

Marathon-Geschwindigkeit

Sie werden sich vermutlich lange vor dem Marathon bereits Gedanken machen, wie schnell Sie ihn eigentlich laufen sollen. Hier muß noch ein gedanklicher Knoten gelöst werden. Sie werden sich vermutlich fragen: «Wie kann ich denn den Marathon schnell laufen, wenn ich 80 Prozent meines Trainings in langsamem Tempo unterwegs gewesen bin?» – «Muß ich vorher nicht mehr im Wettkampftempo trainieren?» Nochmals zur Erinnerung: Mit dem 3L-Training als echtem Fettstoffwechsel-Training haben Sie Ihren Körper auf die lange Distanz vorbereitet und ihm beigebracht, möglichst viel Energie für die Fettverbrennung bereitzustellen. Mit den KA- und EB-Einheiten haben Sie sich ausreichend an Ihr Marathon-Tempo gewöhnt. Aber vorher einen ganzen Marathon als Test zu laufen und dann noch mit hohem Tempo (über GA-Puls), wäre unsinnig.

Im Training haben Sie objektiven Pulswerten gegenüber Ihrem subjektiven Körpergefühl einen höheren Stellenwert eingeräumt. Im Marathon sollten Sie dieses Prinzip umdrehen. Wenn Sie sich gut fühlen, bleiben Sie in Ihrem Tempo, auch wenn die Pulswerte etwas höher sind. Ich rate Ihnen jedoch, vor allem in der Anfangsphase niemals über die anaerobe Schwelle zu gehen.

Viele von mir betreute Läufer empfinden bei Ihren Marathons den Pulsbereich obere Grenze KA/untere Grenze EB als ideal. Beispiel: meine Pulskurve beim Lausanne Marathon 1996. Meine anaerobe Schwelle lag zu diesem Zeitpunkt bei Puls 168. Ich konnte die Intensität zwischen 160 und 170 über die Marathon-Distanz einhalten, wobei ich am Anfang eher um Puls 170 lag und in der zweiten Hälfte eher bei 160 – ein deutliches Zeichen von leichter Ermüdung und mangelndem Stehvermögen. Gute Marathonläufer verfügen über ein solches Stehvermögen und können in der zweiten Hälfte des Marathons meist noch an Tempo zulegen.

Durchhalten ab Kilometer 30

Sie werden sich bereits leicht ermüdet fühlen und vielleicht Zweifel haben, wie Sie «das Ding» zu Ende bringen sollen. Trösten Sie sich, Sie sind nicht der einzige, dem es so geht. Auch die anderen kochen nur mit Wasser.

Versuchen Sie sich immer wieder zu lockern, konzentrieren Sie sich auf Ihre Atmung, vergessen Sie nicht, genügend zu trinken und zu essen. Denken Sie positiv, machen Sie sich klar, daß Sie diese Distanz jetzt bewältigen können: «Es ist interessant, was mein Körper alles zu leisten vermag» und: «Es ist toll, nach so langer Zeit immer noch weiterlaufen zu können.»

Viele Läufer bauen ab Kilometer 30 mental stark ab – der körperliche Einbruch folgt auf dem Fuß. Man kann dies sehr klar am Verlauf der Pulskurven erkennen: Der Kreislauf kann nicht mehr auf Touren gehalten werden. Achten Sie auf Ihren Puls: Wenn er «zusammenfällt», treiben Sie sich an, freuen Sie sich auf die Finish-Line, halten Sie durch!

Have a nice finish!

Genießen Sie die letzten Meter! Sie können stolz auf sich sein, denn es ist eine ganz individuelle und somit einmalige Leistung, die Sie erbracht haben.

Mich würde es freuen, wenn der eine oder andere Tip aus meinem Buch Ihnen geholfen hat, Ihr ganz persönliches Ziel zu erreichen, Ihren ersten Marathon. Schreiben Sie mir, wenn dies so ist!

Hier nochmals die wichtigsten Schritte zu Ihrem Marathon in einem kurzen

Leitfaden

1. Sie definieren Ihr persönliches Marathonziel (konkret, definitiv und mit Datum).
2. Sie machen einen Laktatstufentest/ Smart-Test und trainieren mit Pulsmesser zu 80 % im 3L-Bereich.
3. Sie haben einen Trainingsplan inkl. Regenerations- und Visualisierungsmaßnahmen.
4. Sie vernachlässigen nicht Beruf und Familie.

Viel Erfolg!

Der erste Marathon ist vorbei – und nun?

Zuallererst können Sie stolz auf sich sein. Genießen Sie Ihren kleinen Triumph! Und jetzt? Auf den Lorbeeren ausruhen liegt Ihnen nicht? Sie haben «Blut geleckt»? Sie haben Lust auf mehr?

Hier ein paar Vorschläge, welche weiteren Stationen als Marathonläufer vor Ihnen liegen könnten.

Erster Vorschlag

Sie lassen noch einmal alles Revue passieren und berichten mir von Ihrem ersten Marathon.

Meine Adresse: Ole Petersen, SPORT check-up, Postfach, Römerstr. 176, CH-8404 Winterthur

Zweiter Vorschlag

Sie haben das Gefühl, daß Sie zu viel mehr in der Lage sind. Bei Ihrem ersten Marathon ging es ja auch erst einmal um das sichere Finish. Sie sind vielleicht gerade über vier Stunden ins Ziel gekommen, und es reizt Sie, die 4-Stunden-Grenze zu unterbieten.

Dann reservieren Sie den Termin des gleichen Marathons im nächsten Jahr im Kalender – für Ihren zweiten Versuch. Machen Sie im Frühjahr wieder eine Leistungsdiagnose, und trainieren Sie nach einem auf Sie zugeschnittenen individuellen Trainingsplan. Unter Umständen können Sie in der Vorbereitungsphase zum Marathon mehr Trainings im KA- und EB-Bereich einbauen, wenn Ihre Grundlage stabil genug ist. Lernen Sie, das Tempo in der ersten und zweiten Hälfte konstant zu halten. «Speedwork» und Stehvermögen sind angesagt.

Dritter Vorschlag

Den gleichen Marathon noch einmal zu laufen ist nicht eben prickelnd für Sie. Plazierungen und Zeiten sind Ihnen nicht wichtig, das Erlebnis steht im Vordergrund. Fangen Sie an, diverse Marathons zu «sammeln». Vielleicht zuerst alle Stadtmarathons in Deutschland oder die in den europäischen Hauptstädten. Verbinden Sie Reisen mit Marathon. Nehmen Sie Ihre Familie mit in den (Lauf-)Urlaub, Sie sind ja nur die paar Stunden für den Marathon «abwesend».

Vierter Vorschlag

Sie hatten nach dem Ziel das Gefühl, Sie könnten noch viel weiter laufen. Zwar nicht sehr viel schneller, aber eben viel weiter. Die Marathondistanz haben Sie geschafft, und nun reizt es Sie herauszufinden, ob es für Sie noch andere Dimensionen gibt. Sie möchten schlicht und ergreifend längere Distanzen laufen und Ihre persönlichen Grenzen ausloten. Sie finden im Anhang einige Läufe aufgeführt, die das Prädikat «besonders wertvoll» verdienen, nicht nur, was die notwendige Ausdauer angeht: von den legendären 100 Kilometern von Biel bis zum Marathon des Sables, dem «Wüstenmarathon».

Die Liste der Langzeitausdauer-Events ist lang und attraktiv. Es gibt auf jedem Kontinent tolle Läufe – Motto: je verrückter, desto besser. Ich würde Ihnen empfehlen, erst einmal bei regionalen Ultraläufen über 50, 60 oder 75 Kilometer Erfahrungen zu sammeln, was Material, Ernährung, Laufrhythmus usw. betrifft.

Eine gute Informationsquelle ist das Magazin «Ultra-Marathon», das von der Deutschen UltraMarathon-Vereinigung (DUV e. V.) herausgegeben wird. Zu beziehen ist es bei Udo Lohrengel, Freiheit 17, D-53721 Siegburg, Tel. und Fax: 0 22 41-5 67 69.

Fünfter Vorschlag

Nur zu laufen ist Ihnen zu einseitig. Sie haben bereits im Training immer mal wieder sehnsüchtig zu denen herübergeblickt, die auf dem Rennrad an Ihnen vorbeigeschossen sind. Mein Tip: Versuchen Sie es zunächst mit Duathlon. Für Einsteiger werden überschaubare Distanzen wie 5 Kilometer Laufen/30 Kilometer Rad/5 Kilometer Laufen angeboten. Und wenn Sie einigermaßen schwimmen können, dann steht Ihnen nichts im Wege, eine der gesündesten Sportarten überhaupt zu betreiben: Triathlon!

Das ist viel leichter als allgemein angenommen – die Voraussetzungen dafür haben jeder und jede. Vielleicht lassen Sie sich ja durch mein erstes Buch «Ironman: Das 8-Stunden-Triathlon-Programm» inspirieren.

Damit Sie nicht lange nach Veranstaltungen und Kontaktadressen suchen müssen, habe ich Ihnen diesen Service-Teil zusammengestellt. Die Angaben wurden zum Zeitpunkt der Drucklegung möglichst zeitnah und aktuell eingeholt. Da jedoch nichts beständiger als die Änderung ist, können sich Telefonnummern oder E-Mail-Adressen schnell ändern. Die jeweils aktuellsten Angaben finden Sie in den unten genannten Fachmagazinen.

Bei der Auswahl der Marathonveranstaltungen habe ich hier nur die größten und bedeutendsten Läufe aufgeführt (und alphabetisch sortiert). Für Anfänger ist es aber durchaus ratsam, erst einmal an einem kleineren regionalen Marathon teilzunehmen. Aber das ist eine Frage des persönlichen Geschmacks: Für den einen muß es sofort New York sein, der andere möchte lieber einen Lauf in familiärer Atmosphäre. Das ist das Schöne an unserem Sport – es ist für jeden etwas dabei.

Marathon Catalunya (Barcelona)
c/ Jonqueres 16, p. 15
E-08003 Barcelona
Tel.: 93 268 01 14
Fax: 93 268 43 34
Termin: Mitte März
E-Mail: marathon_cat@redestb.es

Basler Marathon
Postfach 22 70
CH-4002 Basel
Fax: 061-278 53 94
Termin: Oktober
Andere angebotene Distanzen: Halbmarathon, Staffel-Marathon (6 Läufer, 1 Tag später)
Internet: www.ckl.nbs.ch/jogging
E-Mail: Keine Angaben
Startgebühr: Fr. 28,– Marathon
Fr. 90,– Staffel

Alberto Berlin-Marathon
Waldschulallee 45
D-14055 Berlin
Tel.: 030-302 53 70
Fax: 030-306 22 03
Termin: September
Internet: www.berlin-marathon.com

E-Mail: berlin-marathon@t-online.de
Startgebühr: DM 70,–/80,–
«Schnellster Lauf der Welt» – und einer der größten Marathons weltweit (Starter 1997: 27 261)

Bieler Lauftage
Postfach 4 37
CH-2501 Biel
Tel.: 032-323 88 74
Fax: 032-323 88 57
Termin 2000: 16./17. Juni
Angebotene Distanzen: der berühmte 100-km-Lauf, Marathon, Halb- und Viertelmarathon und verschiedene Kurzstrecken, Inline-Strecken 40/16/8 km
Internet: www.100km.ch
E-Mail: lauftage@compuserve.com
Startgebühr: Fr 32,– (Marathon)
Bemerkenswertes: Der «Bieler Hunderter» ist nach den großen Stadtmarathons einer der berühmtesten Läufe überhaupt.
In Läuferkreisen heißt es: «Einmal mußt du nach Biel.» Die Finisher-Medaille von Biel ist wie ein Ritterschlag in der Läufergilde. Der Lauf wird abends gestartet, die Teilnehmer laufen durch die Nacht. Eine unvergeßliche Atmosphäre, die ich bereits zweimal erleben durfte.
Um Bieler Luft zu schnuppern, eignet sich besonders die angebotene Marathon-Distanz. Die Strecke verläuft hauptsächlich auf Wald- und Naturwegen und ist ziemlich hügelig. Mal etwas anderes als die Stadtmarathons, aber eher ungeeignet als Einsteiger-Marathon.

Noch wird die Meute gehalten …

B.A.A. Boston Marathon
Application Request
The Starting Line/ One Ash Street
Hopkinton, MA 01748-1897, USA
Tel.: (617) 236-16 52
Termin: April
Internet: www.bostonmarathon.org
E-Mail: mile27@baa.org
Startgebühr: US$ 100
Bemerkenswertes: Der Lauf in Boston ist der älteste jährlich ausgetragene Marathon. Er feierte 1996 sein 100. Jubiläum mit über 38 000 Teilnehmern. Mehr als eine Million Menschen an den Straßen machen den Boston Marathon für die Läufer zu einem unvergeßlichen Erlebnis.
Durch Qualifikationszeiten trennen die Veranstalter die Spreu vom Weizen, um das Teilnehmerfeld nicht aus allen Nähten platzen zu lassen. Beispielsweise muß man für die Teilnahme im Jahr 2000 zwischen dem 1. Oktober 1998 und dem 1. März 2000 einen anderen offiziellen Marathon in folgender Zeit gefinisht haben:

Altersgruppe	Männer	Frauen
18–34	3:10	3:40
35–39	3:15	3:45
40–44	3:20	3:50
45–49	3:25	3:55
50–54	3:30	4:00
55–59	3:35	4:05
60–64	3:40	4:10
65–69	3:45	4:15
70–	3:50	4:20

Einige europäische Reiseveranstalter bieten Pauschalreisen mit Startplätzen ohne Qualifikation. (Die Seriosität solcher Angebote konnte nicht überprüft werden.)

Rhein-Ruhr-Marathon Duisburg
Stadtsportbund Duisburg
Bertaallee 8 b
D-47055 Duisburg
Termin: Mai
Internet: Keine Angaben
E-Mail: Keine Angaben
Startgebühr: DM 60,–/70,–

Eta Marathon Frankfurt
Postfach 70 07 09
D-60557 Frankfurt
Termin: Oktober
Internet: www.macona.de/Frankfurt Marathon
E-Mail: frankfurt.marathon@macona.de
Startgebühr: DM 65,–
Bemerkenswertes: Mini-Marathon (4,2 km) für Schüler und Euro Charity Run: Für jeden Kilometer, der von den Marathonis gelaufen wird, zahlen Firmen oder Privatpersonen 1 Euro zugunsten einer Behindertenschule.

Hansaplast Marathon Hamburg
Postfach 60 62 20
D-22254 Hamburg
Tel.: 040-61 67 73
Fax: 040-61 49 78
Termin: April
Internet: www.marathon_hamburg.de
E-Mail: hlv.shell-marathon@t-online.de
Startgebühr: DM 65,–

Bemerkenswertes: Inline-Skating, Frühstückslauf, Sportmesse, Trialstart, Kohlenhydrat-Party

ENERGIE Marathon Hannover
Leichtathletik-Club in Hannover e.V.
Ricklinger Straße 5
D-30449 Hannover
Tel.: 05 11-9 24 64 36
Fax: 05 11-9 24 64 38
Termin: Mai
Internet: www.energiemarathon.de
E-Mail: energiemarathon@t-online.de

Honolulu Marathon
3435 Waialae Ave., Room 208
Honolulu, HI 96816, USA
Tel.: (808) 734-72 00
Fax: (808) 732-70 57
Termin: Dezember
Internet: www.honolulumarathon.org
E-Mail: info@honolulumarathon.org
Startgebühr: US$ 65–100
Bemerkenswertes: Größter Marathon der Welt (1997: 33 682 Läuferinnen und Läufer!). Mit diesem Attribut wirbt der Veranstalter; allerdings war der hundertste Boston Marathon in 1996 mit 38 708 Teilnehmern (normalerweise nur 15 000 Starter) etwas größer.

Jungfrau Marathon
Postfach
CH-3112 Allmendingen
Tel.: 079-4 21 95 00
Fax: 031-9 51 75 62
Termin: September
Internet: www.jungfrau-marathon.ch
E-Mail: jungfrau-marathon@ip-plus.ch
Startgebühr: Fr 85,–
Bemerkenswertes: Größter Marathon der Schweiz, schwierigste Strecke Europas, großartige Hochgebirgskulisse mit Eiger, Mönch und Jungfrau. Start in Interlaken (565 m), Ziel auf der kleinen Scheidegg (2090 Meter) am Fuß der Eigernordwand.

Lausanne Marathon
Postfach 31
CH-1162 St. Prex
Termin: Oktober
Internet: www.lausanne.ch/sports
E-Mail: Keine Angaben
Startgebühr: Fr 50,–

Leipzig Marathon
Universitätssportclub Leipzig e.V.
Jahnallee 59
D-04109 Leipzig
Tel. und Fax: 03 41-9 73 17 45
Termin: Mitte Juni

The Flora London Marathon
PO Box 12 34
London SE1 8RZ
Tel.: 0171-620 41 17
Fax: 0171-620 42 08
Termin: April
Internet: www.london-marathon.co.uk
Bemerkenswertes: Größter Marathon der Welt (1999 starteten mehr als 31 000 Laufbegeisterte). Der Lauf selbst führt an vielen Londoner Sehenswürdigkeiten vorbei: Cutty Sark, Tower Bridge, Tower, Trafalgar Square, The Mall, Buckingham Palace. Der Rundkurs ermöglicht den nicht laufenden Begleitern, vier- bis fünfmal die Läufer an verschiedenen Stellen zu sehen und trotzdem rechtzeitig im Ziel zu sein.

The City of Los Angeles Marathon
11110 W.Ohio Ave., Suite 100
Los Angeles, CA 90025, USA
Tel.: (310) 444-55 44
Fax: (310) 473-81 05
Termin: März
Internet: www.lamarathon.com
E-Mail: raceinfo@lamarathon.com
Startgebühr: US$ 45–60

New York City Marathon
NYRCC
PO Box 1766 GPO
New York, NY 10116, USA
Tel.: (212) 860 44 55
Fax: (212) 860 97 54 (nicht kontaktieren, siehe unten)
Termin: November
Internet: www.nyrrc.org
E-Mail: susana@nyrrc.org
Startgebühr: irrelevant
Bemerkenswertes: Der New York City Marathon ist der beliebteste und bekannteste Marathon der Welt. Zwei Millionen Menschen säumen die Strecke, die durch die fünf Stadtteile Manhattan, Queens, Bronx, Brooklyn und Staten Island führt. Die Anmeldung für ausländische Teilnehmer ist leider nur über europäische Reiseanbieter möglich, die Startplätze nur in Verbindung mit einem Pauschalarrangement abgeben. Die Kontaktaufnahme mit dem Veranstalter erübrigt sich daher.
Nachfolgend einige Anbieter, die Pauschalreisen inklusive Startplatz anbieten:

BRD:
Sportflugreisen Grosse-Coosmann
Postfach 27 66
D-48014 Münster
Tel. & Fax: 02 51-29 66 11

Ali Schneider Marathon Reisen
Postfach 16 30
D-82245 Fürstenfeldbruck
Tel.: 0 81 41-29 07 15
Fax: 0 81 41-29 07 16

DER Tour
Sport Live
D-60424 Frankfurt
Tel.: 069-95 88 36 32
Internet: www.dertour.de
(Unter Top-Angebote, Rubrik Marathon, finden Sie aktuelle Pauschalreisen zu vielen Marathons.)

Inter Air Voss Reisen
Triftstraße 28–30
D-60528 Frankfurt
Tel.: 069-96 76 72 46
Fax: 069-96 76 71 00

Schweiz:
Albis Reisen
Kontakt: Markus Roth
Im Albisriederdörfli
Postfach
CH-8047 Zürich
Tel.: 01-406 10 10
Fax: 01-406 10 11
E-Mail: info@albisreisen.ch
Bietet Reisen zu ca. 30 weiteren Marathon-Zielen rund um den Globus. Spezielle Broschüre für Marathon anfordern.

Ryffel Running AG
Kontakt: Urs Ryffel
Seestraße 96
CH-8612 Uster
Tel.: 01-940 87 87
Fax: 01-940 04 70
Internet: www.ryffel.ch
E-Mail: ryffel.running@dial.eunet.ch

Ryffel Running AG
Kontakt: Markus Ryffel
Münstergasse 14
CH-3011 Bern
Tel.: 031-311-29 94
Fax: 031-311-29 93

Österreich:
P+R Reisen GmbH
Franzosengraben 2–4 (U3 Erdberg)
A-1030 Wien
Tel.: 01-7 98 84 44
Fax: 01-7 98 84 48
Internet: www. runnersreisen.com
E-Mail: runners@runnersreisen.com
Bietet Reisen zu allen großen Marathons an.

Paris Marathon
AMSP
8 rue Crozatier
F-75012 Paris
Tel: 1-53 17 03 10
Fax: 1-53 17 03 13
Termin: April
Internet: www.parismarathon.com
Startgebühr: 220–370 FF
Bemerkenswertes: Hat sich mit fast 30 000 Teilnehmern zu einem der größten und spektakulärsten Marathons der Welt entwickelt – eine Sightseeingtour der besonderen Art durch die französische Metropole.

Stockholm Marathon
Box 1 00 23
S-10055 Stockholm
Tel.: 08-667 19 30
Fax: 08-664 38 22
Termin: Juni
Internet: www.marathon.se/stockholm
E-Mail: info@marathon.se

Swiss Alpine Post Marathon
Postfach 41
CH-7270 Davos Platz
Tel.: 081-416 76 66
Fax: 081-416 59 51
Termin: Juli
Andere angebotene Distanzen: 30 km, 42 km, Staffel
Internet: www.swissalpine.ch
E-Mail: swissalpine@swissalpine.ch
Startgebühr: Fr 85,–
Bemerkenswertes: die Steigerung des Jungfrau-Marathons – nur für geübte (Berg-)Läufer mit extrem guter Ausdauer! Die Strecke führt von Davos über den Scaletta-Paß (2606 Meter). Die Zeiten der Spitzenläufer sprechen für sich, das Bergablaufen ist nur etwas für sehr geduldige Gemüter. Der Swiss Alpine Marathon zählt zu den großen sportlichen Herausforderungen überhaupt. Die Hauptstrecke ist die 75-Kilometer-Distanz, jedoch hat es auch der Marathon in sich. Dieser Lauf ist definitiv nichts fürs erste Mal …

Maratona Ticino
Società atletica
Vis Nova
CH-6594 Contone
Tel.: 091-7 45 16 61
Fax: 091-7 95 31 37
Termin: November
Internet: www.tourism-ticino.ch/
E-Mail: 101097@ticino.com
Startgebühr: Fr 25,–

Turin Marathon
Via Ventimiglia 145
I-10127 Torino
Tel. & Fax: +39-11-67 63 61
Termin: Mai
Internet: www.turinmarathon.it
E-Mail: info@turinmarathon.it

Vienna City Marathon
Keplerplatz 12/1/5
A-1100 Wien
Tel.: 1-606 95 10
Fax: 1-606 95 40
Termin: Mai
Internet: www.vienna-marathon.com

Mount Everest Challenge Marathon
Vom Herausgeber des Runners World Magazine (UK 3/96) als der schönste Marathon der Welt bezeichnet, wobei dies sicher Geschmackssache ist. Auf jeden Fall ist dieser Anlaß für Himalaya-Fans sicher eine gute Gelegenheit, einen Marathon mit einer Reise zu verbinden. Der Marathon findet in Höhen zwischen 2500 und 4000 m.ü.MH statt und erfordert Erfahrung im Bergauf- und -ablaufen. Wer es etwas länger mag, kann gleich den 100-Meilen-Lauf in fünf Tages-Etappen buchen. Anmeldungen und Infos unter:

Himalayan Run & Trek Pvt. Ltd
35-D Pocket A, Group 2 Dilshad Garden
Dehli 110095
India
Tel.: +91-11-2 22 48 11 und 2 47 28 00
Fax: +91-11-2 27 00 61 und 2 28 58 05
Termin: November
Internet: www.himalayan.com
E-Mail: hrtpl@del2.vsnl.net.in

Marathon du Médoc
AMCM
Jean-Pierre Mates
F-33250 Pauillac
Frankreich
Internet: www.marathon-medoc.gci-sa.fr
E-Mail: mates@gci-sa.fr

Nur ein Marathon kann für sich in Anspruch nehmen, der langsamste und möglicherweise auch der längste zu sein. Natürlich sind auch beim Médoc Marathon die 42195 Meter gleich lang wie anderswo. Aber es könnte sein, daß Sie nach dem Genuß des ausgezeichneten Weins, der einem ständig entlang der Strecke angeboten wird, diverse Schlangenlinien laufen. Zeit jedenfalls müssen Sie sich für diesen Lauf nehmen, denn allein das Fotografieren der vielen buntverkleideten Marathonkollegen dauert. Und stehenbleiben müssen Sie einfach, z. B. für eine Kostprobe aus einem der berühmten Weingüter der Familie Rothschild. Oder bei Kilometer 38, um sich an Austern und einem frischen Weißwein zu laben. Fast alle haben sich verkleidet, alles ist zu finden – Priester und Teufel, Polizist, Feuerwehrmann, Clown, Ritter. Ein Gute-Laune-Lauf!
Termin: September

(Eigentlich gehören zumindest die 100 Kilometer von Biel und der Swiss Alpine Marathon auch in diese Kategorie. Da aber bei diesen Anlässen auch die klassische Marathon-Distanz angeboten wird, habe ich sie bereits oben aufgeführt.)

Marathon des Sables («Wüstenlauf»)
Atlantide Organisation Internationale
Tel.: (16)25 82 01 28
Fax: (16)25 82 07 23
E-Mail: aoi@wanadoo.fr
Internet vom US-Meldebüro:
www.sandmarathon.com
Wie der Bieler und der Swiss Alpine gehört auch dieser Lauf zur Kategorie Langzeitausdauer-Event. Doch er ist ganz anders: Die insgesamt ca. 280 Kilometer werden in sechs Tages-Etappen durch die Wüste gelaufen. Es gehört schon etwas Verrücktheit dazu, tagelang über Dünen zu laufen, die wenig später gar nicht mehr da sind. Dieses Abenteuer ist (über)teuer, und der Veranstalter macht den Teilnehmern mit strengen Reglements das Leben noch zusätzlich schwer.
Termin: April

La Grand Raid
(La course de la pleine lune)
Association Grand Raid
B.P. 426
F-97468 Saint Denis Cedex
Tel.: 002 62-20 32 00
Fax: 002 62-94 19 20
Ebenfalls ein absoluter Abenteuer-Lauf (132 Kilometer mit 7155 Höhenmetern!). Es gilt immerhin, die Insel La Réunion komplett zu durchqueren. Dabei ist das Höhenprofil derart anspruchsvoll (von Meereshöhe bis auf 2235 Meter), daß man eher von einem gröberen Survival-Trip sprechen muß. Wer den Bieler und den Swiss Alpine überlebt hat und nach einer neuen Herausforderung in wärmeren Regionen sucht, findet hier ein echtes Abenteuer. Es ist mit Laufzeiten zwischen 20 und 30 Stunden zu rechnen.
Termin: Anfang November

Comrades Marathon
PO Box 10 06 21
Scottsville 3209
South Africa
Tel.: 03 31-94 35 10
Fax: 03 31-42 75 48
Der 89 Kilometer lange Lauf hat sich in den letzten Jahren zu einem der ganz großen Events entwickelt. Anfang der 80er Jahre starteten noch weniger als 4000 Teilnehmer, mittlerweile ist der legendäre Lauf von Durban nach Pietermaritzburg zu einem Megaspektakel mit über 12 000 Teilnehmern mutiert. (Übrigens wird jedes Jahr die Richtung gewechselt – man kann sich also aussuchen, ob man von der Küste nach Pietermaritzburg im Jahr 2000 «bergauf» läuft oder umgekehrt 2001 «bergab» nach Durban an die Küste.) Der Lauf ist ein nationales Ereignis, getragen von der einmaligen Volksfeststimmung entlang der Strecke. Das Zeitlimit beträgt 11 Stunden und ist

für einen erfahrenen Läufer zu schaffen. Es ist wie beim Boston Marathon eine Qualifikation nötig, die jedoch recht großzügig bemessen ist: entweder 4:30 h im Marathon oder 12:30 h bei einem 100-km-Lauf. Der Comrades Marathon ist sicher eine Reise wert – ein unvergleichliches Erlebnis.
Termin: Mitte Juni

Rennsteiglauf
GutsMuths-Rennsteiglaufverein e. V.
Schmückstraße 74
D-98711 Schmiedefeld/Rennsteig
Tel.: 03 67 82-6 06 86
Fax: 03 67 82-6 06 87
Internet: www.mdr.de/rennsteiglauf
E-Mail: Rennsteiglauf.GmbH@t-online.de
Es ist die «Supermarathon»-Strecke mit 76 Kilometern, die den Rennsteiglauf zu einem der Klassiker schlechthin gemacht hat. Neben Biel, dem Swiss Alpine und dem Jungfrau Marathon hat es auch diese große Herausforderung in sich. Zu der erheblich längeren Distanz als bei einem Normal-Marathon gesellen sich noch etliche Höhenmeter, die es zu bewältigen gilt.
Mein Tip: Erst zwei Stadtmarathons laufen, und wer dann noch nicht genug hat, der ist mit einem der Ultra-Klassiker bestens bedient.
Termin: Mai

Weitere Infos zu den Marathonläufen dieser Welt finden Sie auch im Buch «**Die schönsten Marathonstrecken in aller Welt**» von Manfred Steffny, erschienen im Sportverlag, Berlin.

Internet

Hilfreich und aktuell sind folgende Internet-Adressen:

www.marathon.de
www.lauftreff.de
www.marathontraining.com

Diese Homepages enthalten etliche Links zu vielen Veranstaltungen im In- und Ausland sowie wertvolle Lauftips.

Seminare

Wer die (Lauf-)Themen dieses Buches mit dem Team der SPORTcheck-up «live» erleben und diskutieren möchte, ist bei unseren Seminaren herzlich willkommen. Wir bieten diese 2x pro Jahr regelmäßig im März und im November in Winterthur an. Für Clubs organisieren wir auch Seminare und Vorträge im gesamten deutschsprachigen Raum. Eine Seminarbeschreibung finden Sie am Ende des Buches. Wir freuen uns auf Ihren Besuch.

Fachmagazine

Angehende Marathonläufer können sich auch in folgenden Fachmagazinen informieren.

Laufzeit – Journal für Laufen, Triathlon und Fitnesstraining
Erscheint monatlich
Einzelpreis: 5,00 DM
Jahresabo: 48,00 DM
(Ausland 66,00 DM)
Bezugsadresse: Laufzeit, Leserservice, Danziger Str. 219, D – 10407 Berlin
E-Mail: LAUFZEIT-0001@t-online.de

Runner's World – Das größte Laufmagazin der Welt
Erscheint monatlich
Einzelpreis: 7,00 DM
Jahresabo: 75,60 DM
(Ausland 84,00 DM)
Bezugsadresse: Runner's World, Leserservice, Postfach, D – 20080 Hamburg
E-Mail: leserservice@runners-world.de

Laufmagazin Spiridon
Erscheint monatlich
Einzelpreis: 6,50 DM
Jahresabo: 66,00 DM
(Ausland 75,00 DM)
Bezugsadresse: Spiridon, Abonnementsverwaltung, Postfach 10 45 27, D – 40036 Düsseldorf
E-Mail: spiridon@t-online.de

condition – Magazin für Lauf- und Ausdauersport
Erscheint sechsmal jährlich
Einzelpreis: 6,80 DM

Jahresabo: 45,00 DM
Bezugsadresse: Meyer&Meyer Verlag, ABO Service, Von-Coels-Straße 390, D-52080 Aachen
E-Mail: jrs.press@t-online.de

Running & Walking Magazin
Erscheint viermal im Jahr
Einzelpreis: 4,80 DM
Jahresabo: 5,00 DM pro Ausgabe (incl. Versand)
Bezugsadresse: WAG's Running & Walking, Postfach 56 07, D-79023 Freiburg,
Fax: 07 61-3 49 15

Skilanglauf/Triathlon/Marathon … das Magazin für Ausdauersportler
Erscheint siebenmal im Jahr, und zwar in den Monaten Januar, Februar, März/April, Mai/Juni, September/Oktober, November und Dezember.
Einzelheft: 5,50 DM
Jahresabo: 35 DM, 32 DM bei Bankeinzug (Ausland 42 DM)
Bezugsadresse: Brinkmann-Verlag GmbH, Eberg 16–18, D-51709 Marienheide
E-Mail: girkhausen@t-online.de

TRIATHLET
Rue de la Concorde 22
B-1050 Bruxelles
Fax: 00 32-2-2 89 25 61
www.triathlet-mag.de

Fit for Life – Magazin für Fitness, Lauf- und Ausdauersport
Erscheint monatlich
Einzelheft: 7 Sfr.
Jahresabo: 63,75 Sfr.
Bezugsadresse: AZ Fachverlage AG, Neumattstraße 1, CH-5001 Aarau
Fax: 062-836 65 66

Bezugsadresse **CD Visualisierung & Mentaltraining**, Preis Fr. 32,–/DM 38,–

check-up AG
Postfach
CH-8404 Winterthur
Tel.: 00 41-52-2 45 05 55
Fax: 00 41-52-2 45 05 59
E-Mail: info@check-up.ch

Adressen von Unternehmen, die **Leistungsdiagnostik und/oder Trainingsplanung** anbieten:

BRD:
Predia Sport
Virchowstr. 22
D-97072 Würzburg
Tel.: 09 31-8 60 62

Medisport
Otto-Seeling-Str. 2
D-58455 Witten
Tel.: 0 23 02-27 68 77

MSG
Aerztehaus Peiner Str. 2
D-30519 Hannover
Tel.: 05 11-8 42 04-15

Medizinisches Zentrum Parkhöhe
Hufelandstraße 18–20
D-34537 Bad Wildungen
Tel.: 0 56 21-70 30

ILT
Am Erlenbach 25
D-60385 Frankfurt
Tel.: 069-80 40 38 80

Schweiz:
check-up AG
Römerstraße 176
CH-8404 Winterthur
Tel.: 00 41-52-2 45 05 55
Fax: 00 41-52-2 45 05 59
Internet: www.check-up.ch

Gut Training
Heilbadzentrum
CH-7500 St. Moritz
Tel.: 081-833 552 54

Österreich:
Reha-Sport
A-5252 Aspach 162
Tel.: +43-77 55-68 01
Inst. für med. & sportwiss. Beratung
Ernst-Happel-Stadion/Meiereistraße 7
A-1020 Wien
Tel.: 01-726 99 28
Internet: www.irnet.co.at/reha

Bezugsadressen für **Pulsmesser:**

BRD:
Polar Elektro GmbH Deutschland
Hessenring 24
D-64572 Büttelborn
Tel.: 0 61 52-92 36-0
Fax: 0 61 52-92 36-20
www.polar-electro.de

Schweiz:
Leuenberger Medizintechnik AG
Industriestraße 19
CH-8304 Wallisellen
Tel.: 01-877 84 85
Fax: 01-877 84 99

Österreich:
Comesa
Baldagasse 5
A-1211 Wien
www.cps.at

Weitere aktuelle Informationen zu den Polar-Pulsmeßgeräten gibt es für «Surfer» auch unter www.polar.fi.

Die **Noene-Dämpfungseinlagen** für Laufschuhe gibt es bei:

BRD:
Noene Vertrieb Blessing
Tarodunumweg 51
D-79199 Kirchzarten
Tel.: 0 76 61-98 19 77
Fax: 076 61-98 19 78

Schweiz:
Wirth Sport
Winkelriederstraße 25–27
CH-6003 Luzern
Tel.: 041-210 38 53
Fax: 041-210 38 57

Österreich:
AKO san
Peter Handler
Schrändelgasse 6
A-7142 Illmitz/Bgdl.
Tel.: 0 21 75-38 48

Institut f. Sportmedizin
Auf der Schmelz 6
A-1150 Wien
Tel.: 00 43-01-4 27 72 87 01
www.sportmedizin.or.at

Einige Adressen von Laufshops, Orthopädie-Häusern und Kliniken, die **Laufbandanalysen** anbieten:

BRD:
Ralf & Stefan Hermes GmbH
Bergstraße 1
D-06108 Halle
Tel.: 03 45-2 00 22 44
Fax: 03 45-2 00 22 42

Kriwat GmbH
Lerchenstraße 21
D-24103 Kiel
Tel.: 0431-67 67 07
Fax: 0431-67 68 07

Gerrit Wagner Orthopädie
Norderstraße 5
D-24939 Flensburg
Tel.: 04 61-2 48 73
Fax: 04 61-14 02 80

Pilz Laufsport
Römerstraße 18–20
D-55543 Bad Kreuznach
Tel.: 0 61 74-50 63

Poss Orthopädie Schuhtechnik
Dietrichstraße 47
D-54290 Trier
Tel.: 06 51-9 94 07 60
Fax: 06 51-9 94 07 62

Rehaklinik Saarschleife
Cloefstraße 1 a
D-66693 Mettlach-Orscholz
Tel.: 0 68 65-9 00
Fax: 0 68 65-90 18 00

Orthopädietechnik Rosenkranz GmbH
Daimlerstraße 11
D-61352 Bad Homburg
Tel.: 0 61 72-6 77 20
Fax: 0 61 72-67 72 11

Orthopädie-Schuhtechnik
Hubert Gassenschmidt
Geroldsauer Straße 15
D-76534 Baden-Baden
Tel.: 0 72 21-7 31 33
Fax: 0 72 21-99 49 33

Reha-Prax Pforzheim
Karlsruher Straße 20
D-75179 Pforzheim
Tel. & Fax: 0 72 31-3 25 35

Simssee Klinik GmbH
Postfach 2 64
D-83089 Bad Endorf
Tel.: 0 80 53-20 00
Fax: 0 80 53-37 34

Laufsport Linder
Schloßstraße 38
D-88353 Kisslegg
Tel.: 0 75 63-9 20 66

Klinik St.Wolfgang
Ludwigpromenade 6
D-94086 Bad Griesbach
Tel.: 0 85 32-9 80-0
Fax: 0 85 32-9 80-6 35

Schweiz:
NUMO Systems
Ganganalyse Labor
Langhag 15
CH-8307 Effretikon
Tel.: 052-354 43 70
Fax: 052-354 43 71
E-Mail: hoffmann@numo.ch

Das adidas Shoe Center genießt einen ausgezeichneten Ruf weit über die Landesgrenzen hinaus.

Bezugsadressen für **Squeezies:**

BRD:
ACS Vertriebs GmbH
Marienberger Str. 6 c
D-38122 Braunschweig
Tel.: 05 31-2 87 29 13
Fax: 05 31-2 87 29 16

Schweiz:
Roy Hinnen GmbH
Postfach
CH-8906 Bonstetten
Tel.: 01-700 33 32

Österreich:
Energy Experts
Holzbergweg 6
A-4400 Steyr
Tel.: 0 72 52-7 83 15

Informationen zu geeigneten **Vitalstoffmischungen** erhalten Sie bei:

check-up AG (s. S. 180)

Der Autor

Ole Petersen, geboren 1961 in Frankfurt, Diplom-Betriebswirt (Fachhochschule Düsseldorf) in Marketing und Kommunikation, Inhaber der PERSONAL check-up, Winterthur, Gesundheitsförderung in Unternehmen.
Aktiver Läufer und Triathlet seit 1989, vielfacher Marathon- und Ironman-Finisher,
2. Platz Doppel-Ironman Huntsville, 1994
6. Platz ULTRAMAN Hawaii, 1995
3. Platz Dreifach-Ironman Lensahn, 1997
6. Platz AITOMAN Tahiti, 1998,
seit 1994 deutscher Rekordhalter auf der doppelten IRONMAN-Distanz mit 21:51 h.

check-up AG
Postfach
CH-8404 Winterthur
www.check-up.ch

Fotonachweis

S. 24 Wartenweiler
S. 55 Polar
S. 73–75 Rowohlt/Horst Lichte
S. 141 adidas
S. 169 Bieler Lauftage
Alle anderen Fotos vom Autor

Weitere Bücher von Ole Petersen

Ironman. Das 8-Stunden-Programm
rororo sport 19471

Lifepower –
Das Anti-Aging-Programm
rororo sport 61000

So einfach ist Fitness
Mein persönlicher Ausdauertrainer
rororo sport 61024

zusammen mit Sonia Goretzki:
Der Fatburner.
Das Programm mit Garantie
rororo sport 61014

zusammen mit Patrick Stäuble:
Fit und motiviert im Job –
das Micropausen-Programm
rororo sport 61676

zusammen mit
Dr. Hansruedi Egger:
Gesundheit ist Chefsache.
Ein Praxisleitfaden Gesundheit im
Beruf
Mit Audio-CD
Smart Books (ISBN 3 907 60115 7)

rororo Ratgeber Sport

Kompetente Ratschläge, Tipps und Antworten von Walking bis Marathon

Laufen
Handbuch für Sport und Fitness
Herbert Jost
3-499-18655-1

Marathon – Das 4-Stunden-Programm
Vom Anfang bis zum Finish
Ole Petersen
3-499-19486-4

Laufen und Walking
Das sanfte Programm für Frauen ab 40
Kathrine Switzer
3-499-19488-0

Besser laufen
Das 30-Tage-Programm
Jack Heggie
3-499-18664-0

Ausdauertrainer Laufen
Training mit System
Kuno Hottenrott/Martin Zülch
3-499-19454-6

Happy Running. Lauflust
Die 7 Weisheiten des Laufens
Ulfilas Meyer

3-499-61021-3

rororo Ratgeber Sport

Runner's World: Lesen, fertig, los!
Die besten Titel zum Trendsport Laufen

Runner's World: Das Laufbuch
Training, Technik, Ausrüstung
Thomas Steffens/Martin Grüning
3-499-19465-1
«Dieser Laufwegweiser lässt allen Schnickschnack weg und konzentriert sich aufs Wesentliche.» (Dieter Baumann in seinem Vorwort)

Runner's World: Marathon
Die besten Programme
Thomas Steffens/Martin Grüning
3-499-61010-8
Die perfekte Gebrauchsanweisung für effektives Training: welches Pensum ist in welcher Intensität in welcher Zeit zu absolvieren?

Runner's World: Lauftrainer 5 bis 10 Kilometer
Die besten Trainings-Programme
Thomas Steffens/Martin Grüning
3-499-61018-3

Runner's World: Laufen – Das Einsteigerbuch
Thomas Steffens/Martin Grüning
Die wichtigsten und besten Tipps zum Laufen – alles, was Läufer wissen müssen über Ausrüstung, Technik und Training, Fitness und Ernährung, Gesundheit und Equipment.

3-499-61030-2

S 49/1a

Foto: Horst Lichte

rororo Ratgeber Krafttraining

Kompetente Ratschläge, Tipps und Antworten für Fitness und Bodybuilding

Hometrainer Bodybuilding
Übungen und Programme
Berend Breitenstein
3-499-61019-1

Bodybuilding: Massive Muskeln
Die besten Übungen. Schritt-für-Schritt-Fotos. Mit 90-Tage-Programm
Berend Breitenstein
3-499-61038-8

Fitness-Krafttraining
Die besten Übungen und Methoden für Sport und Gesundheit
Wend-Uwe Boeckh-Behrens/ Wolfgang Buskies
3-499-19481-3

Der Hantel-Krafttrainer
Die besten Übungen
Hans-Dieter Kempf/Andreas Strack
3-499-61013-2

Die Kraftküche
Einfach, schmackhaft, gesund. Die besten Rezepte für Fatburning und Muskelaufbau
Berend Breitenstein
3-499-19496-1

Supertrainer Bauch
Die effektivsten Übungen
Boeckh-Behrens/Buskies

3-499-61028-0

rororo Ratgeber: Men's Health

Wampe oder Waschbrett, das ist hier die Frage.

Das Muskel-Manual
Der ultimative Trainings-Guide
Thorsten Tschirner
3-499-61322-0

Das Bauchmuskelbuch
Mehr Muskeln – weniger Fett
Thorsten Tschirner/
Christine Wolters
3-499-61499-5

Muskelpillen
Die besten Fitmacher:
Alle Präparate im Test
Katharina Butz/Detlef Icheln
3-499-61178-3

Bodyguide Mann
Fakten, Vorurteile und Funktionen
Thomas Lazar
3-499-61113-9

Weg mit der Wampe
Der Guide für eine
schlanke Ernährung
Kirsten Thieme
3-499-61374-3

Power-Workout für Body & Soul
Fatburning · Kraft · Energie ·
Entspannung
Robert S. Polster
3-499-61027-2

Bodyconcept Bauch
Der ultimative Kraft-, Ausdauer-
und Ernährungsguide
Thorsten Tschirner/
Christine Wolters

3-499-61140-6